目录

诗词游乐场 27

苏轼的远游

跟着大诗人 读通古诗词

南熊 编著

走进大诗人
跌宕起伏的一生

读通小学古诗词
112首

化学工业出版社
·北 京·

图书在版编目（CIP）数据

跟着大诗人　读通古诗词.苏轼的远游/南熊编著. 一北京：化学工业出版社，2022.9

ISBN 978-7-122-41869-2

Ⅰ.①跟…　Ⅱ.①南…　Ⅲ.①古典诗歌-中国-小学-教学参考资料　Ⅳ.①G624.203

中国版本图书馆CIP数据核字（2022）第128613号

责任编辑：张　曼
责任校对：杜杏然
书籍设计：尹琳琳

出版发行：化学工业出版社
　　　　　（北京市东城区青年湖南街13号 邮政编码100011）
印　　装：中煤（北京）印务有限公司
787mm×1092mm　1/16　印张20　字数500千字
2023年5月北京第1版第1次印刷

购书咨询：010－64518888
售后服务：010－64518899
网　　址：http://www.cip.com.cn
凡购买本书，如有缺损质量问题，本社销售中心负责调换。

定　　价：139.00元（全5册）　

走进苏轼的一生

了不起的父子三人

我们一起拜访过唐代的大诗人们了，现在我们去拜访一下宋代的大诗人吧。宋代分为北宋和南宋。先有北宋，再有南宋。历史上著名的“唐宋八大家”，说的是唐代和宋代写文章非常厉害的八个人。他们是唐代的韩愈、柳宗元和宋代的欧阳修、苏洵、苏轼、苏辙、王安石、曾巩。

当然，这些人的诗也写得非常好。大家有没有注意到，里面有三个姓苏的人。他们之间有什么关系吗？他们不仅有关系，而且关系十分亲密。他们仨是一家人！苏洵是苏轼和苏辙的父亲。生活在北宋的这父子三人，占据了“唐宋八大家”的三个位子，可想而知，他们有多么厉害。

苏洵，眉州眉山（今四川省眉山市）人。19 岁娶妻程氏，27 岁时立下决心发奋读书，经过十多年的苦读，学业大进。

1037 年 1 月 8 日，苏轼出生了。苏轼，有两个字，一个是子瞻，另一个是和仲。苏轼为人率真，喜欢交友，喜欢美食，也喜欢游山玩水。

苏洵是个怪老头。酒量好到惊人。他经常倒着骑毛驴，招摇过市，还很喜欢打抱不平。官府不讲理的时候，他就会冲到府衙，批评县官。家乡旱灾的时候，苏洵会把家里储存的粮食拿出来救济灾民。

苏家有很多藏书。苏家的孩子们从小就经常与书打交道。苏轼是在书堆里长大的。苏家有很多田产，过得比较富裕。

苏洵喜欢交友，喜欢旅行，跟官场的很多文人都有来往。苏洵去过成都，到过都城汴京（今河南省开封市）。欧阳修称赞他“博辩宏伟”，曾巩说他“颇喜言兵”。苏轼继承了父亲的性情，从小喜欢到处跑。眉州城里城外，都被他跑了个遍。

在苏轼年幼时，照顾苏轼的人，除了父母，还有一个叫任采莲的乳娘。任采莲尽心尽力，对苏家的孩子无微不至，把一生的时间都用来照顾苏家的孩子。在父母和乳娘的共同照顾下，苏轼在眉州生活了很多年。直到 1056 年，他才离开家乡，进京赶考。

苏轼的结发之妻叫王弗。王弗自幼读书，知书达理。嫁到苏家以后，非常贤惠。苏轼读书时，她就陪伴在侧。

名动京师

1056 年，苏洵带着苏轼、苏辙两个儿子，第一次离开四川，沿着长江东下。第二年，他们到达都城汴京。这次来，苏洵是带着两个儿子进京赶考的。

这次的主考官是欧阳修。苏轼清新潇洒的文风，震动了欧阳修。小时候，苏轼就很崇拜欧阳修、范仲淹等人。欧阳修和范仲淹，既是历史上有名的政治家、文人，他俩也是忘年交。范仲淹的那首《江上渔者》非常有名。只是，苏轼考上进士时，范仲淹已经过世了。没见到范仲淹，让苏轼感到遗憾。为此，他还特地去范仲淹的墓前进行了祭拜。

jiāng shàng yú zhě
江上渔者

sòng fàn zhòng yān
[宋]范仲淹

jiāng shàng wǎng lái rén
江上往来人，
dàn ài lú yú měi
但爱鲈鱼美。
jūn kàn yí yè zhōu
君看一叶舟，
chū mò fēng bō lǐ
出没风波里。

注释

渔者：打鱼的人。

但：只。鲈鱼：一种肉质细腻、味道鲜美的鱼。美：味道鲜美。

风波：风浪。

译文

江面上来来往往的人们，
只知道喜爱鲈鱼的美味。
你看那树叶似的小渔船，
在大风大浪里忽隐忽现。

诗的解读

范仲淹，字希文，祖籍邠州，后移居苏州吴县。北宋文学家。范仲淹一生忠君爱民，得到了人们的尊敬和爱戴。这首《江上渔者》看上去篇幅短小，其实饱含了诗人对百姓的关爱之心。诗的字面意思不难。“江上往来人”，江面上坐船来来去去的人很多，可是“但爱鲈鱼美”，他们只知道喜欢鲈鱼的美味。

接下来，诗人说，“君看一叶舟，出没风波里”。你看江中那一条像一片树叶一样的小船，在大风大浪里忽隐忽现。原本喜欢吃鲈鱼是一件很普通的事情。不过，诗人提醒了我们一件事。喜欢鲈鱼的美味没有关系，不过我们不能忘记渔夫打鱼生活的艰辛和凶险。

全诗表达了诗人对劳动人民的深切同情，也委婉地规劝世人关心民生疾苦。面对吃鲈鱼这件小小的事情，范仲淹都会认真思考。他的思考，也让我们明白了一个道理，所有的食物都来之不易。面对食物，我们应该心存感激。

这次不仅苏轼考上了，他的弟弟苏辙也考上了。苏家双喜临门。在欧阳修的称赞下，苏家两兄弟名遍汴京。不幸的是，这个时候苏轼的母亲在家乡去世了。两个儿子双双高中，母亲还没有看到儿子们金榜题名就撒手人寰了。

得知此事，兄弟二人伤心欲绝。他们随父回乡奔丧。1061 年，苏轼中制科考试，入第三等，为“百年第一”。

同年，苏轼出任大理评事、签书凤翔判官。大理评事就是断案的官。凤翔属于现在的陕西省宝鸡市。签书凤翔判官，也是断案的官，在地方上还有签署公文的权力。虽然官位不大，但是在地方上有一定实权。苏轼在凤翔的任期是三年。三年之后，苏轼离开凤翔。

苏轼刚开始做官，家里就连遭变故。连续两年，苏轼失去了最重要的两个亲人。1065 年，妻子王弗去世。1066 年，父亲苏洵去世。父亲去世后，苏轼回乡守孝三年。父亲、母亲、妻子都葬在了眉州东边的一座山上。这座山，后来就叫“苏坟山”。后来，王弗的堂妹王闰之嫁给了苏轼，成为他的第二任妻子。

守孝结束，苏轼重返朝廷。此时，北宋大文豪王安石当上宰相不久，开始了著名的“王安石变法”。王安石那首名诗《元日》就是在这个时期写的。苏轼的许多师友，因反对新法与王安石政见不合，被迫离京。

1071 年，苏轼上书谈论新法的弊病，王安石很愤怒，于是让御史在皇帝面前说苏轼的过失。苏轼请求出京任职，去了杭州。他带着一家人离开汴京，千里迢迢，奔赴杭州。

yuán rì
元日

sòng wáng ān shí
[宋]王安石

bào zhú shēng zhōng yí suì chú
爆竹声中一岁除，

chūn fēng sòng nuǎn rù tú sū
春风送暖入屠苏。

qiān mén wàn hù tóng tóng rì
千门万户曈曈日，

zǒng bǎ xīn táo huàn jiù fú
总把新桃换旧符。

注释

元日：农历正月初一。

一岁：一年。除：过去。

屠苏：这里指一种酒，古代有正月初一饮屠苏酒以避瘟疫的习俗。

曈曈：太阳刚出来时明亮的样子。

桃：桃符，用桃木制成，上面绘有神像，古人挂在门上以求福避祸。

译文

阵阵爆竹声中，一年已经过去，

春风送来的暖，融进了屠苏酒。

太阳刚刚升起，照亮千家万户，

人们在用新桃符，换掉旧桃符。

诗的解读

王安石，字介甫，号半山，抚州临川（今江西省抚州市）人，北宋文学家。写这首诗时，王安石刚刚当上宰相不久。1069 年，王安石主持变法。王安石对未来充满信心，这首诗就写于这一年的新年。首先，我们来说一说诗的题目《元日》。元日，阴历正月初一，是古代的春节。正月，就是农历一月。

王安石的这首诗，写到了元日的三个习俗。第一个是放爆竹，第二个是喝屠苏酒，第三个是换桃符。从前，每逢大年初一，一定是鞭炮齐鸣。不过，古代是没有鞭炮的。因此，诗人说，“爆竹声中一岁除”。古代没有火药和纸张时，人们用火烧竹子，竹子会爆裂开，发出噼噼啪啪的响声，就叫“爆竹”。

爆竹相当于古代的鞭炮。是啊，听着家家户户的爆竹声，我们都知道旧的一年过去了，新的一年到来了。“一岁除”就是一年已经过去的意思。除，是逝去的意思。接下来，诗人写到了元日的第二个习俗——喝屠苏酒。诗人说，“春风送暖入屠苏”。春风送来的暖意，融进了屠苏酒。

当然，他们不会忘记还要更换大门上的桃符。就像诗人说的，“千门万户曈曈日，总把新桃换旧符”。这两句是说，太阳刚刚出来，温暖的阳光照耀着千家万户，人们都在

用新的桃符换掉旧的桃符。诗里面的“曈”字就是指太阳刚刚升起，天色明亮的样子。曈曈日，也是一样的一日，表示这是一个阳光灿烂的日子。最后一句里的“新桃”和“旧符”说的都是桃符，只是一个是新的，一个是旧的。

那么，桃符是什么呢？桃符就是古代人家用纸或者用桃树的木板，在上面画上门神的画像或写上门神的名字，然后将它们挂在大门上。每年新年，都会取下旧的，再换上新的。更换桃符是王安石的这首诗里写到的元日的第三个习俗。

在杭州，苏轼的官位是杭州通判，掌管粮运、家田、水利和诉讼等事。当时，杭州太守沈立虽然是支持王安石变法的，但是他对苏轼很好。沈立是王安石亲自挑选的人。他不但没有为难苏轼，还处处帮他。

沈立被调走之后，新上任的太守与苏轼也相处和睦，成了朋友。苏轼喜欢西湖。游览西湖时，苏轼留下了著名的《饮湖上初晴后雨》《六月二十七日望湖楼醉书》等诗。

yǐn hú shàng chū qíng hòu yǔ

饮湖上初晴后雨

sòng sū shì

[宋] 苏轼

shuǐ guāng liàn yàn qíng fāng hǎo
水光潋滟晴方好，
shān sè kōng méng yǔ yì qí
山色空蒙雨亦奇。
yù bǎ xī hú bǐ xī zǐ
欲把西湖比西子，
dàn zhuāng nóng mǒ zǒng xiāng yí
淡妆浓抹总相宜。

注释

饮湖上：在西湖上饮酒。湖，西湖。

潋滟：水波荡漾的样子。方：正。

空蒙：云雾迷茫的样子。亦：也。

西子：即西施，春秋时期越国的美人。

相宜：合适。

译文

晴天阳光下的西湖，
水波荡漾风景正好。
远山笼罩在烟雨中，
西湖雨景也很奇妙。
想要把美丽的西湖，
比喻成美丽的西施。
打扮得淡雅或浓艳，
都是那么美好合适。

诗的解读

苏轼三十多岁时在杭州做官，这首诗大约写于此时。苏轼来到西湖，在西湖上和朋友饮酒。早晨还是晴空万里，傍晚就忽然下起了雨。可是，无论是晴天还是雨天，西湖的景色都十分迷人。因此，苏轼写下了这首《饮湖上初晴后雨》。初晴后雨，就是从最初的晴天变成之后的雨天。

第一句“水光潋滟晴方好”，写晴天的西湖。潋滟，这个词语很美，形容水波荡漾的样子。这句诗的意思是说，晴天的时候，阳光照在西湖的水面上，波光潋滟，风景正好。第二句“山色空蒙雨亦奇”，写雨中的西湖。空蒙，形容云雾迷茫的样子。下雨的时候，从西湖看向远处的山，云雾缭绕，风景也很奇妙。

在诗人眼中，无论晴天还是雨天，西湖的美，各有特色。就像诗人说的，“欲把西湖比西子，淡妆浓抹总相宜”。他想把西湖比喻成美人西施，无论打扮得淡雅还是浓艳，各有各的美，都很合适，也很好看。西施是谁呢？西施是中国古代家喻户晓的美人，也是中国四大美人之一。

西施，苎萝（今浙江诸暨南）人，出生于春秋时期的越国，亦称“西子”。当时，越国和吴国打仗，越国输了。越王就想了个办法，找来两个美人，其中一个就是西施。越王派人将她们献给吴王。西施因此成为夫差最宠爱的妃子。

可见，西施的美貌不是一般人可以与之相比的。苏轼将西湖比喻成西施，可想而知，西湖的风光在诗人眼中是多么美丽、迷人。苏轼对杭州的贡献很大，不仅疏通了西湖的水，还建了著名的“苏堤”，造福百姓。

liù yuè èr shí qī rì wàng hú lóu zuì shū

六月二十七日望湖楼醉书

sòng sū shì

[宋]苏轼

hēi yún fān mò wèi zhē shān
黑云翻墨未遮山，
bái yǔ tiào zhū luàn rù chuán
白雨跳珠乱入船。
juǎn dì fēng lái hū chuī sàn
卷地风来忽吹散，
wàng hú lóu xià shuǐ rú tiān
望湖楼下水如天。

注释

望湖楼：在浙江杭州西湖边。醉书：带着醉意书写。

翻墨：翻倒的墨汁。这里形容黑云翻涌，好像浓墨。

跳珠：跳动的珍珠，形容落雨。

卷地风：贴着地面席卷而过的风。

译文

乌云翻动如同浓墨，但还没有遮住青山，
白色雨点就像珍珠，纷乱地跳入船只里。
一阵大风席卷而来，忽然间吹散了乌云，
望湖楼下湖水平静，就像辽阔的天一样。

诗的解读

从诗的题目，我们可以得知这首诗的写作时间和地点。时间是在阴历六月二十七日，地点是在望湖楼。诗人在题目里写到“醉书”，说明诗人喝了酒，带着醉意写下的这首诗。那么，望湖楼在哪儿呢？望湖楼始建于北宋时期，位于西湖湖畔。

那一天，苏轼在望湖楼上喝酒。一边饮酒，一边欣赏西湖的美景。忽然，天上下起倾盆大雨。诗人说：“黑云翻墨未遮山”。黑云就是乌云；翻墨是翻倒的墨汁。乌云滚滚，就像墨汁翻倒了一样，天上一片阴暗。不过，幸运的是，这些乌云竟然没有把远处的山全部遮挡住。眼看就要下一场大雨了。

果然，没过多久，雨就开始下了。诗人说，“白雨跳珠乱入船”。白色的雨点就像跳动的珍珠一样，纷乱地跳入船里。听上去，是一场来势汹汹的大雨。不过，诗人在前面那一首《饮湖上初晴后雨》里说了，雨天的西湖也很美丽。雨下着下着，刮起了一阵大风，吹散了乌云，雨又停了。

诗人说，“卷地风来忽吹散”。卷地风，是说这场风贴着地面席卷而过。说明风很大。“忽吹散”，是说这场风吹散了什么东西。第一句诗就说了满天乌云。显然，这场风吹散的就是乌云。乌云散去，雨也停了。诗人在望湖楼上，向下望去，发现“望湖楼下水如天”。没想到，西湖的水又变得平静如初。

此时，西湖像辽阔的天空一样，好美。

1074年，苏轼升为密州（今山东省诸城市）知州。苏轼一路做官，走遍了大半个中国。之后，他又去了徐州任职。此时，身在汴京的王安石过得并不容易。由于反对势力的攻击，他几次被迫辞去宰相的职位。1075年，他第二次成为宰相，在进京路上写下著名的《泊船瓜洲》。

bó chuán guā zhōu

泊船瓜洲

sòng wáng ān shí

［宋］王安石

jīng kǒu guā zhōu yì shuǐ jiàn
京口瓜洲一水间，

zhōng shān zhǐ gé shù chóng shān
钟山只隔数重山。

chūn fēng yòu lǜ jiāng nán àn
春风又绿江南岸，

míng yuè hé shí zhào wǒ huán
明月何时照我还。

注释

瓜洲：地名，位于江苏扬州一带，在长江北岸。

京口：地名，位于江苏镇江，在长江以南，与瓜洲隔江相对。

钟山：江苏南京紫金山。

绿：吹绿。

译文

京口和我停船的瓜州只隔着一条江，
我居住的钟山和京口只隔着几座山。
暖和的春风又一次吹绿了江南水岸，
明月什么时候才能照亮我回家的路？

诗的解读

这是王安石写给朋友的一首诗。这位朋友是金山寺的宝觉禅师。当时，王安石住在金陵钟山，也就是现在的南京紫金山。朝廷下旨，让王安石重新担任宰相。这是王安石第二次成为宰相。这首诗就写于王安石离开钟山，奔赴汴京的途中。你可能会问，这跟诗里的“京口”有什么关系呢？

京口位于现在的江苏镇江。宝觉禅师所在的金山寺，就在镇江。王安石离开钟山去汴京的路上，第一站就去了京口，拜访自己的老朋友宝觉禅师。第二站才到了诗里所写的“瓜洲”。瓜洲位于江苏扬州一带。瓜洲在京口的北边，京口在钟山的北边。王安石这一路就是要一直向北抵达汴京。

从题目里，我们知道诗人是坐船前行的。所谓“泊船”，就是停靠船只。诗人说，“京口瓜洲一水间”。京口在长江以南，瓜洲在长江以北。我们把诗中相关的几个地方的地理位置弄清楚之后，这句话就很好理解了。京口和他停船的瓜洲之间只有“一水”之隔。这个水，指的就是长江。

此时，身在瓜洲的诗人，先提到“京口”，怀念自己的朋友宝觉禅师。接下来又提到“钟山”，怀念自己居住多年的家。诗人说，“钟山只隔数重山”。这句话是说钟山和某个地方只隔了几座山。这个地方，到底是瓜洲，还是京口呢？瓜洲是诗人旅途的第二站了，比第一站京口距离出发地钟山更远。

何况，第一站和第二站之间已经隔着一条江了。那么，与出发地钟山之间只隔着几座山的地方，只能是距离比较近的第一站京口了。此时，诗人的旅途无法停止。朝廷的命令是不能违抗的。想到未来不可预料，诗人便说，“春风又绿江南岸，明月何时照我还”。显然，诗人写诗的季节是春天。

又一个春天到来了。春天来了，江南又是一片青草茂盛的绿色。这个“绿”字一直以来都被认为是这首诗的经典用字。本来绿只是颜色名称，在这首诗里却成了春风的一种动作，意思是“吹绿”。让人读来，感到春风吹到哪儿，哪儿就会变成一片绿色。只读这一句，会觉得诗人是在赞美春天。

其实不是。诗人在生机勃勃的春天，反而觉得忧伤。为什么呢？因为他老了，他不知道自己这次去了汴京，什么时候才能再回到钟山的家里。所以，诗人才说“明月何时照我还”。明月什么时候能够照亮自己回家的路呢？还没有抵达汴京，诗人便已经开始想家了。这样的心情，令人心疼。

乌台诗案与救命恩人

无论到哪儿，苏轼都勤政爱民，深得人心。

1079年，苏轼被调去出任湖州知州。在湖州，苏轼一如既往，心系百姓做好事。可是，几个月后，他的命运被彻底改变。这是因为，在外放期间，苏轼写诗表达自己的感受，却被新党歪曲、陷害，说苏轼“谤讪朝廷”。结果，苏轼被逮捕，押送到了汴京，关进了监狱。这就是北宋著名的“乌台诗案”。

在监狱里，苏轼备受煎熬。这个时候，很多人都在替苏轼求情，可是都没有用。最后，已经退休的王安石站了出来。他上书皇帝说：太平盛世，怎么可以残杀一个才华横溢又忠君爱国的人？就是王安石的这句话，救了苏轼的性命。

退休之后，王安石要么旅行，要么写诗。有一次，他去好朋友湖阴先生家里做客，还在人家的墙壁上留下了千古好诗《书湖阴先生壁》。然而，不管身在何处，他仍在默默关心这个国家。得知苏轼被人陷害，年迈的王安石勇敢地站了出来。

shū hú yīn xiān shēng bì

书湖阴先生壁

sòng wáng ān shí

［宋］王安石

máo yán cháng sǎo jìng wú tái

茅檐长扫净无苔，

huā mù chéng qí shǒu zì zāi

花木成畦手自栽。

yì shuǐ hù tián jiāng lǜ rào

一水护田将绿绕，

liǎng shān pái tà sòng qīng lái

两山排闼送青来。

注释

湖阴先生：杨骥的别号。杨骥是王安石退居江宁（今江苏南京）时的友人。

畦：田间划分的小区。

排闼：推门。闼，门。

译文

茅屋经常被打扫，干净得没有青苔，

花草树木很整齐，是主人亲手种的。

门前有一条小河，绕着绿色的田野，

两座青山仿佛推门而入，送来青翠的山色。

诗的解读

这首诗，是王安石晚年隐居金陵时期创作的。有一天，他去看望在山村隐居的老朋友杨骥。见到老朋友家四周山水环绕，风光很美，王安石写下了这首诗。从诗的题目能看出来，这首诗不是写在纸上的，而是直接写在了别人家的墙壁上。书，就是书写。湖阴先生，是杨骥的别号。

当时，杨骥隐居在紫金山下。杨骥生活简朴，很爱干净。因此，诗人说“茅檐长扫净无苔”。茅檐不是茅草屋的屋檐，而是指代茅草屋。无苔，就是没有青苔。虽然杨骥住的是一个茅草屋，但是他经常打扫，干净得没有青苔。在潮湿的地方，茅草屋的附近很容易长出青苔。

第二句里的“畦”，就是我们在乡间常常看到的一块一块的田地。不管种什么庄稼，田里的庄稼地都是一块一块的，大部分还是长方形。它们之间不会连成一片，没有间隔。一定会有像小路一样的田埂将彼此分开。

在这首诗里，诗人看到朋友的庭院里有很多花草树木，就像庄稼地一样，一块一块的，有规划，也整齐。可能是一块地种着花，另一块地种着树。不是杂乱无章地混在一起种成一大片。因此，诗人说“花木成畦手自栽”。朋友家的门前还有一条河，“一水护田将绿绕”，小河护绕着田野。

最后一句，诗人说“两山排闼送青来”。闼，是门的意思。排闼，就是推门。两座青山仿佛推门而入，要将青翠的山色送到诗人的眼前。此诗不仅赞美了主人的勤劳与审美情趣，也反映了诗人轻松、安逸的心境。

一边流浪，一边当官

1080 年，从狱中释放的苏轼，被贬到黄州（今湖北省黄冈市）担任团练副使。苏轼到任后，心情郁闷，曾多次到黄州城外的赤壁山游览，写下了《赤壁赋》《后赤壁赋》和《念奴娇 · 赤壁怀古》等千古名作，以此寄托他谪居时的情感。“东坡居士”的别号也是在这个时期起的。

1084 年，苏轼被调去汝州当团练副使。从黄州到汝州的路上，苏轼路过江西九江，还去了一趟庐山，留下一首很有名的诗——《题西林壁》。

tí xī lín bì

题西林壁

sòng sū shì

［宋］苏轼

héng kàn chéng lǐng cè chéng fēng

横看成岭侧成峰，

yuǎn jìn gāo dī gè bù tóng

远近高低各不同。

bù shí lú shān zhēn miàn mù

不识庐山真面目，

zhǐ yuán shēn zài cǐ shān zhōng

只缘身在此山中。

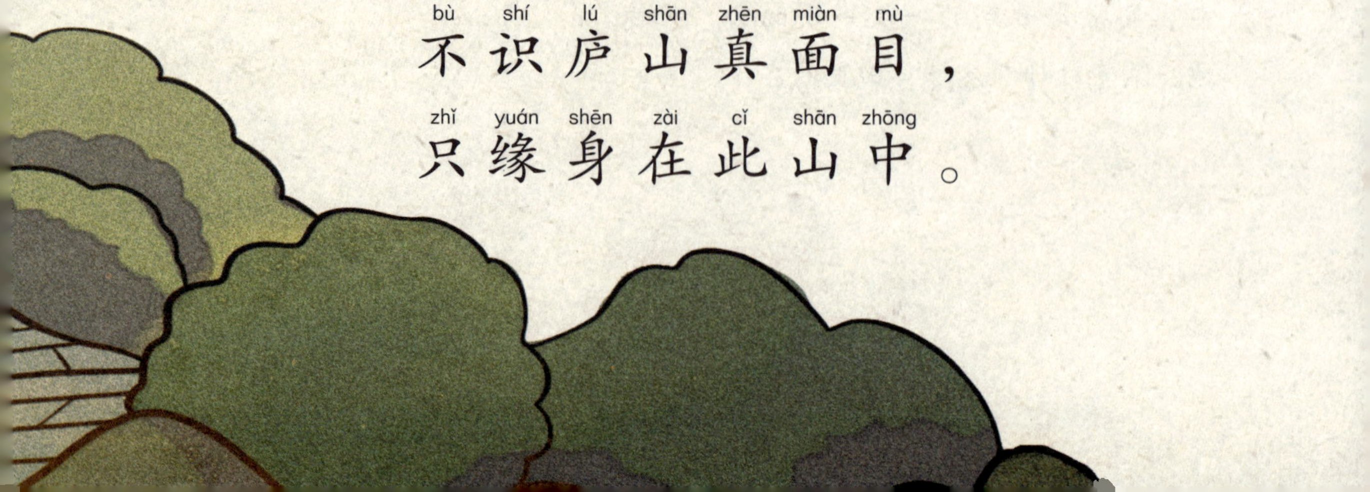

注释

题：题写。西林：西林寺，在江西庐山北麓。

横看：从正面看。岭：山脉。峰：高而尖的山。

缘：因为。

译文

庐山从正面看是山脉，从侧面看是山峰，
从远近高低四个角度看到的各不相同。
之所以看不清庐山的真正面貌，
是因为观看的人身处庐山之中。

诗的解读

苏轼这首诗，是在庐山西林寺的墙壁上所写的。很多大诗人都去过庐山。李白去过，写了《望庐山瀑布》；白居易去过，写了《大林寺桃花》；这次苏轼也来了，写了这首《题西林壁》。

当时，苏轼写了好几首关于庐山这趟旅行的诗。这首《题西林壁》最有名。山，这个字听上去每个人都很熟悉。可是，苏轼是真正了解山的人。他的观察实在太仔细了。其实，大部分的山会连在一起形成山脉。单独只有一座山峰的山，虽然也有，但是不多。庐山是连绵的山脉，有很多山峰。

诗人说，“横看成岭侧成峰”。大家可以想象一下，如果把一座山峰比喻成一个小朋友，那么山脉就像很多小朋友排队连成整整齐齐的一条线。从正面看小朋友们的整个队形，就能看到每个人。就像从正面看山，能看到连绵的山脉。不过，换个角度，从第一个小朋友的对面去看，就很难看清楚后面的人，好像只有一个人似的。就像侧着看山，看到的就是高而尖的山峰。

不止如此，从远处、近处、高处、低处看山，不同的角度，看到的景观都不一样。因此，诗人又说，“远近高低各不同”。那么，庐山到底长什么样子呢？诗人很想知道。虽然诗人没有办法看到完整的庐山，但是他明白，至少要走出山外，距离远一些，视野开阔一些，才能看到更多。

就像诗人说的，“不识庐山真面目，只缘身在此山中”。缘，是因为的意思。观山的人无法看到庐山的真正面貌，是因为他们自己在山里，距离太近，视野有限。其实啊，这首诗也告诉了我们一个道理，要跳出局限并多角度观察，才有可能认识事物的本质。尤其是评价一件事或者一个人时，不能轻易地下结论。

在前往汝州的路上，由于舟车劳顿，苏轼的小儿子苏遁夭折了。苏轼伤心欲绝。他上书朝廷，请求暂时不去汝州，先到常州居住，后被批准。当他准备南返常州时，神宗驾崩。1085年，宋哲宗即位。朝廷又下了命令，再次重用苏轼，让他去登州（今山东省蓬莱市），掌管登州大权。结果，到了登州，上任不久，又被升官，要回汴京。回到汴京，官越做越大，成了中书舍人。苏轼的官位，节节攀升，从芝麻小官变成朝中大臣。

那时，苏轼经常与朋友们品诗论画。其中有一个叫惠崇的人作了一幅画《春江晚景》。苏轼还特地为这幅画写了诗，就是我们耳熟能详的《惠崇春江晚景》。然而，朝廷内部纷争不断，钩心斗角、尔虞我诈。苏轼知道，这样耗下去，根本没有办法为百姓做事。

惠崇春江晚景
huì chóng chūn jiāng wǎn jǐng

[宋]苏轼
sòng sū shì

zhú wài táo huā sān liǎng zhī
竹外桃花三两枝，
chūn jiāng shuǐ nuǎn yā xiān zhī
春江水暖鸭先知。
lóu hāo mǎn dì lú yá duǎn
蒌蒿满地芦芽短，
zhèng shì hé tún yù shàng shí
正是河豚欲上时。

注释

惠崇：宋朝僧人，擅长作诗、作画。
春江晚景：惠崇创作的一幅画。
蒌蒿：一种植物，多生于河湖岸边等潮湿地带。芦芽：芦苇的嫩芽。
河豚：一种肥而味美的鱼，有毒。上：逆流而上，这里指河豚从海洋游入江河。

译文

竹林外面开放着三两枝桃花，
鸭子最先知道春天江水变暖。
满地都是短短的蒌蒿和芦芽，
这正是河豚逆流而上的时节。

诗的解读

这首诗的题目叫《惠崇春江晚景》。惠崇，是苏轼的朋友，是一位僧人。这个人很有才华，能写诗，能作画。这首诗就是苏轼为惠崇所画的《春江晚景》而写的题画诗。现在，我们来通过理解这首诗，看看当时惠崇在《春江晚景》里画了些什么。诗人说，“竹外桃花三两枝”，竹林外面开放着三两枝桃花。

我们现在知道了，这幅画里有竹林、桃花。还有什么呢？诗人说，“春江水暖鸭先知”。春天的时候，气温升高，江水变暖。水里的鸭子最先知道这些。没错，这幅画里还有江水、鸭子。第三句诗人又说，“蒌蒿满地芦芽短”。满地都是短短的蒌蒿和芦芽。画里面还有蒌蒿和芦芽。

蒌蒿是一种生长于水边的绿色植物，有清新的香气。芦芽就是芦苇的嫩芽。蒌蒿不容易辨识，不过

芦苇很容易认出来。你见过芦苇吗？芦苇是长在水边的植物。通常都是成片成片地生长。除了江河两岸的湿地里会长，有的小池塘边也有。芦苇高大，不过芦苇的嫩芽还是矮小的。

最后一句，诗人说，“正是河豚欲上时”。这个时候，正是江里的河豚逆流而上的季节。河豚是一种在海水和淡水里都能生存的鱼类。春天，河豚会游回江河中产卵。为什么从海里游回江河中，诗人用的字是“上”呢？因为水是从高处流向低处的，最后汇入海洋。因此，河豚从海里游回江中，就是向上游。不过，河豚是在水里的动物，画中是不会出现的。最后一句，是诗人自己的联想。我们现在总结一下，惠崇的画里面一共出现了哪些事物呢？有第一句里的竹林、桃花，有第二句里的江水、鸭子，还有第三句里的蒌蒿、芦芽。一共六种，河豚不能算上哦。你数对了吗？

最后，苏轼请求离开汴京这个是非之地。1089 年，朝廷把他派去杭州，掌管杭州大权。他终于可以好好地为百姓做事了，哪怕只能为杭州一个地方的百姓造福。西湖长期没有疏通，淤塞严重，湖水干涸，湖中长满水草。苏轼率人疏浚西湖，恢复旧观，并在湖水最深处建立三塔（今三潭印月）作为标志。他把挖出来的淤泥集中起来，筑成一条贯纵西湖的长堤，后人称之为“苏堤”。他守护着百姓，百姓也爱戴他。

1091 年，苏轼被召回朝廷。但不久又因为政见不合，先后被调往颍州、扬州、定州。不管去哪儿，不管多久，苏轼总是深得百姓爱戴。他是真正愿意为国家、为百姓奉献的人。

后来，苏轼被贬去了惠阳（今广东惠州）。1097 年，苏轼又被一艘小船送去了海南岛的儋州（今海南儋县）。苏轼就在这里办学堂。自北宋以来没有人考中进士的儋州（乃至海南），被苏轼培养出第一个进士。

就算苏轼干不了大事，他也能教人读书。就凭这一点，儋州的百姓对苏轼感恩戴德。苏轼的苦难，直到宋徽宗即位，才真正结束。1100 年，宋徽宗继位后，调任苏轼为廉州安置等职，后来又让他任朝奉郎。可是，苏轼已经年老，身体已经不行了。

从儋州返回汴京的路途，实在太遥远了。他每路过一个地方，停下来休息，都有百姓来看他。可是，还有什么用呢？苏轼已经撑不住了。他这一生实在过得太累了。1101 年，苏轼在常州离开了人世。

汴京，他再也没有回得去。

诗词游乐场

应怜屐齿印苍苔，小扣柴扉久不开。春色满园关不住，一枝红杏出墙来。

山行（shān xíng）

［唐（táng）］杜牧（dù mù）

yuǎn shàng hán shān shí jìng xié
远上寒山石径斜，
bái yún shēng chù yǒu rén jiā
白云生处有人家。
tíng chē zuò ài fēng lín wǎn
停车坐爱枫林晚，
shuāng yè hóng yú èr yuè huā
霜叶红于二月花。

注释

寒山：深秋时节的山。斜：形容小路弯弯曲曲的样子。
生：产生，生出。
坐：因为。晚：这里指深秋时节。
霜叶：指经过霜打的枫叶。

译文

远远通向山巅的石路又弯又斜，
在白云缭绕的地方有几户人家。
我停下车是因喜爱晚秋的枫林，
结过霜的枫叶比二月的花还红。

诗的解读

杜牧，字牧之，京兆万年（今陕西西安）人，唐代诗人。他出身名门，祖父是唐德宗时的宰相杜佑。晚年，他住在长安南的樊川别墅，号樊川居士，又称“杜樊川”。李白和杜甫被称为“李杜”。另一位大诗人李商隐与杜牧被称为“小李杜”。

这首诗写的是诗人一次郊游的故事。上山的路上，诗人说，“远上寒山石径斜”。远远通向山顶的石头路弯弯曲曲的。这句里的“寒山”，不是山的名字，是说深秋时节的山。

这座山很高，高到有些地方都有白云飘过了。“白云生处有人家”，白云缭绕的地方有几户人家。秋天，大部分树木的树叶都会变黄掉落，而枫树的枫叶却红红火火。诗人喜欢欣赏枫叶的美，于是停下了车。“停车坐爱枫林晚”这句里的“坐”是一个非常重要的字。在这里，它不是坐下来的意思。这个“坐”字，在古代有一个很特别的意思，是由于、因为的意思。这个意思，现在已经不使用了。在这首诗里，它就是由于、因为的意思。

诗人停下车是因为喜欢“枫林晚”，也就是晚秋的枫林。这时候，红叶经过结霜之后，变得比阴历二月的花还要红。诗人歌颂与赞美大自然的同时，也表现出乐观豪爽的精神气质。

qīng míng
清明

táng dù mù
[唐]杜牧

qīng míng shí jié yǔ fēn fēn
清明时节雨纷纷，
lù shàng xíng rén yù duàn hún
路上行人欲断魂。
jiè wèn jiǔ jiā hé chù yǒu
借问酒家何处有？
mù tóng yáo zhǐ xìng huā cūn
牧童遥指杏花村。

注释

清明：既是中国传统节日，也是二十四节气之一，在这一天有扫墓祭祀、踏青远足等习俗。

欲断魂：形容人的内心伤感，好像灵魂要与身体分开一样。

遥指：往远处指。

译文

清明时节下的细雨纷纷飘洒，
路上的行人难掩心中的忧伤。
请问哪里有喝酒的地方？
牧童指了指远处的杏花村。

诗的解读

清明是一个特别的日子。它既是中国的传统节日，也是二十四节气里的一个节气。作为一个节日，清明有很多风俗，最重要的一项内容就是扫墓、祭祀。作为一个节气，它意味着气温升高，自然界万物生机勃勃。

杜牧的这首诗，写的就是清明时节诗人的所见。这一天，下着雨，雨水纷纷洒下。诗人走在路上，看到来往的行人神色都不好，“路上行人欲断魂”，感觉每个人都难掩伤心。为什么会这样？因为清明是大家为已故的亲人扫墓的日子。

“借问酒家何处有”，哪里有酒家？这是谁在问谁呢？诗人在第三句里并没有告诉我们，第四句就很妙：“牧童遥指杏花村。”这时，牧童用手指了指远处的杏花村。这首诗，到这里就结束了。你是不是觉得应该还有更多的故事？

不知道去杏花村之后发生了什么。诗人没有将故事继续写下去，我们也只能靠自己的想象了。说不定，在杏花村喝酒的时候，又发生了很多有趣的事情。诗人将读者引入诗的境界，留给读者巨大的想象空间。

jiāng nán chūn

江南春

táng dù mù

［唐］杜牧

qiān lǐ yīng tí lǜ yìng hóng

千里莺啼绿映红，

shuǐ cūn shān guō jiǔ qí fēng

水村山郭酒旗风。

nán cháo sì bǎi bā shí sì

南朝四百八十寺，

duō shǎo lóu tái yān yǔ zhōng

多少楼台烟雨中。

注释

水村：临水的村庄。山郭：依山而建的城郭。酒旗：酒店外悬挂的旗子之类的标识。

南朝：宋、齐、梁、陈四个朝代，均建都于建康（今江苏南京），存在时间都相对较短，统称为“南朝”。

四百八十寺：“四百八十”是虚指，形容寺院很多。

译文

到处都是鸟鸣声声，还有绿树红花相映，
临水村庄依山城郭，酒楼旗子迎风招展。
在南朝的那个时代，造了许许多多寺庙，
无数的亭台与楼阁，还矗立在烟雨之中。

诗的解读

写这首诗的时候，是春天。诗人杜牧来到了江南。江南的春天非常美丽。诗人说，“千里莺啼绿映红”，到处都是鸟鸣声，到处都是红花绿树。我们常说“鸟语花香”，杜牧这句诗写的就是这样的美景。“千里”不是一个准确的数字，不是说一千里的路上都能听到鸟鸣。应该理解为到处都能听到鸟鸣。

江南最迷人的地方，就是有山

有水。这不，诗人就看到了水边的小村和山边的小城，“水村山郭酒旗风”，酒家门口的旗子随风摇曳。你在影视剧中可能见过，酒楼门口悬挂着招揽生意的旗子，这就是“酒旗”。

这句诗里的“水村”很好理解。那么，“山郭”呢？山郭，就是上面一段中说到的“山边的小城”。不过，“郭”本身不是城的意思，它表示城墙。只是，在这里指代小城。这首诗的第一二句都是诗人亲眼看到的风景。第三四句写的就不是诗人眼前的事物了，而是诗人脑海中想到的东西。

跟第一句“千里莺啼绿映红”一样，“南朝四百八十寺”里数字也不是说真的是480座寺庙，只是用来形容寺庙的数量非常多。诗人也不知道留下了多少。如今，“多少楼台烟雨中”，遗留下来的亭台楼阁，依然矗立在江南的朦胧烟雨之中。诗人欣赏风景，回顾历史，寄情于不动声色的描写中。

夏日绝句

xià rì jué jù

sòng lǐ qīng zhào
［宋］李清照

shēng dāng zuò rén jié
生当作人杰，
sǐ yì wéi guǐ xióng
死亦为鬼雄。
zhì jīn sī xiàng yǔ
至今思项羽，
bù kěn guò jiāng dōng
不肯过江东。

注释

人杰：人中豪杰。

鬼雄：鬼中英雄。屈原曾称赞为国捐躯的战士是“鬼雄”。

项羽：秦朝末年的起义军领袖，后来与刘邦争夺天下，失败自杀。

译文

活着的时候应该做人中的豪杰，
死了以后也要去做鬼中的英雄。
直到今天人们还在怀念着项羽，
因他宁死也不肯偷生退回江东。

诗的解读

李清照，号易安居士，山东济南人，被誉为“千古第一才女”。她生活在北宋与南宋过渡的时期。出身书香门第，前半生，生活幸福美满。后半生，北宋灭亡，丈夫去世，国破家亡，孤身逃难。李清照的词非常有名，家喻户晓。她的诗也写得好，只是流传下来的不多。

这首《夏日绝句》是李清照的诗歌代表作。文字简单直接，感情浓厚充沛。前两句很直白，后两句只要了解了项羽的故事，也很好懂。现在，我们来聊聊项羽是谁，项羽的身上发生过怎样的事情。

项羽，生活在秦朝。名籍，字羽。大家习惯叫他项羽。他是秦朝末年的著名将领。项羽最出名的事迹，就是和刘邦争夺天下。

这场仗叫“楚汉战争”，一直打了四年。最后项羽兵败垓下（今安徽灵璧南）。

刘邦的军队从四面将项羽包围起来。项羽宁死不屈，带着自己的军队顽强抵抗。几万大军只剩一百多人。此时，项羽只能一边打一边退。当他们退到乌江（今安徽和县乌江镇）边时，只要过了江，到了江东，项羽就能安全脱身。可是，在江边，项羽心中有巨大的内疚。

项羽决定战斗到底。他命令骑兵全部下马，拿起兵器跟敌人厮杀。项羽宁可战死沙场，也不肯退回江东。项羽武艺超群。虽然身负重伤，但是他一个人就杀死了敌军数百人。这场仗，项羽是输了。可是，项羽英勇的灵魂让人敬佩。最后，项羽自刎而死。

诗中的后两句，李清照通过歌颂项羽的悲壮之举，来讽刺南宋当权者不思进取、苟且偷生的无耻行径。

tí lín ān dǐ
题临安邸

sòng lín shēng
［宋］林升

shān wài qīng shān lóu wài lóu
山外青山楼外楼，
xī hú gē wǔ jǐ shí xiū
西湖歌舞几时休？
nuǎn fēng xūn dé yóu rén zuì
暖风熏得游人醉，
zhí bǎ háng zhōu zuò biàn zhōu
直把杭州作汴州。

注释

题临安邸：这首诗题写在临安一家旅舍的墙壁山。临安，南宋都城，即今浙江杭州。邸，旅店。

熏：（风）吹。

直：简直。汴州：在今河南开封，曾为北宋都城。

译文

青山无尽，楼阁连绵，望不到头，
西湖上的歌舞几时才能停歇？
温暖春风吹得游人如痴如醉，
简直把杭州当成了汴州。

诗的解读

林升，字云友，南宋擅长诗文的士人。虽然生活在南宋的林升作为诗人不太出名，但是这首《题临安邸》家喻户晓。题目的意思是，写在临安的客栈里。邸，就是客栈、旅店。这首诗，其实是讽刺南宋统治者安于现状，不思收复失地。不过，要是不去仔细品味，很难发现诗人真实的意思。

这首《题临安邸》的第一句“山外青山楼外楼”，青山之外，还有青山；楼阁之外，还有楼阁，望不到头。临安，就是今天的杭州。杭州城的繁华，由此可见。杭州最有名的风景就是西湖。诗人说，“西湖歌舞几时休”。西湖上又是唱歌又是跳舞，非常热闹。可是，诗人却问“几时休”，什么时候才能消停？

为什么诗人希望这些歌舞消停下来呢？因为北宋灭亡了，诗人内心悲痛。统治者却还有心思沉迷于享乐。“暖风熏得游人醉”，春风温暖，吹得人如痴如醉，搞得人们“直把杭州作汴州”。

北宋的都城是汴州（今河南开封），临安（今杭州）能够成为南宋的都城，是因为北宋灭亡了，宋徽宗之子赵构逃到临安，将临安作为南宋都城。因此，诗人说这些人简直已经把杭州当成了汴州。统治者还像以前在汴州一样，寻欢作乐，听歌赏舞，忘记了曾经的都城仍被敌人占据。全诗表达了诗人对国家命运的深深忧虑以及对统治者的愤慨。

游园不值

yóu yuán bù zhí

sòng yè shào wēng
[宋] 叶绍翁

yīng lián jī chǐ yìn cāng tái
应怜屐齿印苍苔，

xiǎo kòu chái fēi jiǔ bù kāi
小扣柴扉久不开。

chūn sè mǎn yuán guān bú zhù
春色满园关不住，

yì zhī hóng xìng chū qiáng lái
一枝红杏出墙来。

注释

值：遇到。

应：大概，表示猜测。屐齿：木鞋底下凸出的像齿的部分。屐，木鞋。印苍苔：在青苔上留下印迹。

小扣：轻轻地敲。柴扉：用树枝、木柴编成的门。扉，门。

译文

可能是主人在担心，我的木屐踩坏青苔，

我轻轻地敲着木门，却久久没有人来开。

满园子的春日景色，是怎么也关不住的，

一枝艳丽的红杏花，正探出头到墙外来。

诗的解读

叶绍翁，字嗣宗，号靖逸，处州龙泉人，祖籍建安（今福建建瓯）。这里先跟大家讨论一下这首诗的题目。游园不值，是说不值得去游园吗？不是。这里的“值”是遇到的意思。我们什么时候碰到这个用法呢？

比如，我们看一些节日的联欢晚会，会听到主持人说，“今天正值中秋佳节（也可能是其他节日）”。这里的“值”和题目的“值”就是一个意思。这首诗题目的意思是，想游园却没有遇到合适的时候。为什么呢？诗人在第二句里就解释了原因，“小扣柴扉久不开”，因为园子的大门是关着的。

小扣，轻轻地敲。柴扉，就是用树枝、木柴编成的门。诗人轻轻地敲门，结果久久没人来开。为什么呢？第一句是第二句的原因，“应怜屐齿印苍苔”。屐齿是什么？你知道木屐吗？一种木制的拖鞋。没错。屐齿，就是木屐的鞋底凸出来的像齿一样的东西。

园子的主人可能是担心，诗人的木屐会在青苔上留下鞋印，把青苔踩坏。“应怜”的“应”是可能、大概的意思。怜，不是可怜，而是担心的意思。这下好了，园子的主人不开门，诗人也进不去。怎么办呢？没关系，满园的风景想关也关不住。诗人抬头一看，有一枝艳丽的红杏正伸出墙头来。

乡村四月

xiāng cūn sì yuè

sòng wēng juàn
[宋] 翁卷

lǜ biàn shān yuán bái mǎn chuān
绿遍山原白满川，
zǐ guī shēng lǐ yǔ rú yān
子规声里雨如烟。
xiāng cūn sì yuè xián rén shǎo
乡村四月闲人少，
cái liǎo cán sāng yòu chā tián
才了蚕桑又插田。

注释

绿：指绿油油的草木。山原：山坡，原野。
白：指稻田里白茫茫的水。川：平地。
子规：杜鹃鸟的别称。
了：做完，结束。蚕桑：采桑养蚕。插田：插秧苗。

译文

山坡原野绿油油一片，地里的水田白茫茫的，
杜鹃鸟一声声啼叫着，落下的雨丝如同烟雾。
阴历四月的乡村时光，少有悠闲之人，
人们刚忙完蚕桑的活，又要忙着去田里插秧。

诗的解读

翁卷，南宋诗人，字续古，又字灵舒。这首诗描写了江南初夏时节的乡村风光。根据诗人的描述，非常符合二十四节气中“小满”时令的景象。在杜牧的《清明》里我们说过二十四节气的事情。小满，是夏天的第二个节气。夏天刚刚开始不久，正是农人插秧的时候。

此时，江南风景如画。“绿遍山原白满川”，山坡和原野上一片绿色，平地上开阔的地方全是白茫茫的水田。为什么水田是白色的呢？因为有水，在阳光的照射下，远远看上去就会呈现出一片白茫茫的水光。诗人还听到了“子规”的叫声。子规就是杜鹃鸟的别名。

第二句“子规声里雨如烟”告诉大家，这一天除了能听到杜鹃鸟的叫声一阵阵传来，天空中还下起了绵绵细雨。为何是细雨，不是大雨呢？因为诗人说“雨如烟”，只有雨下得很小很细的时候，才会有烟雾缭绕的感觉，所以说，这一天下的雨是细雨。

到了第三句，我们知道这首诗的时间。“乡村四月闲人少”，阴历四月的乡村，悠闲的人很少见。

最后一句“才了蚕桑又插田”，刚刚忙完蚕桑的事情，又要去田里插秧了。蚕，就是我们说的蚕宝宝。桑，就是桑树的叶子。蚕宝宝喜欢吃桑叶，因此农人要采桑养蚕。

插田，就是去田里插秧。人们吃的大米，都是种植水稻收割后得来的。农人插秧，这个“秧”就是水稻的禾苗。诗人将一幅充满生活气息的乡村四月图呈现在眼前。

méi huā
梅花

sòng wáng ān shí
[宋]王安石

qiáng jiǎo shù zhī méi
墙角数枝梅，
líng hán dú zì kāi
凌寒独自开。
yáo zhī bú shì xuě
遥知不是雪，
wèi yǒu àn xiāng lái
为有暗香来。

注释

凌寒：冒着严寒。

为：因为。暗香：清幽的香气。

译文

墙角处有几枝梅花，
冒着严寒独自盛开。
远远地就知道那不是雪，
因为有清幽的香气飘来。

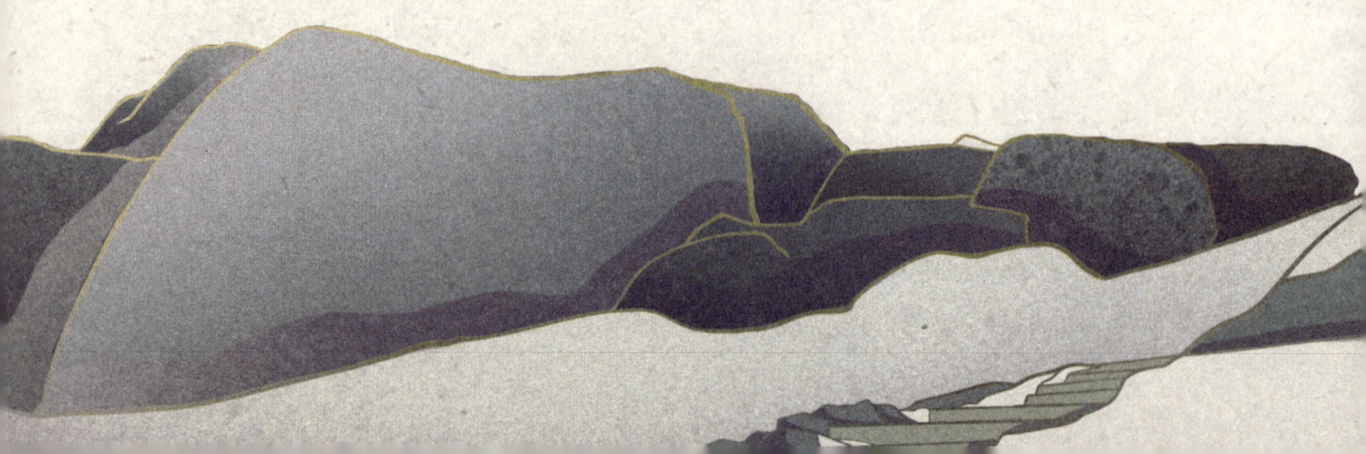

诗的解读

这是王安石结束了自己的宰相生涯之后写的。当时，王安石隐居在金陵钟山，内心倍感孤独。这首诗中，诗人借梅花寒冬开花的习性来抒发自己对坚贞不屈的品格的赞美。有一个成语叫“岁寒三友”，说的是松树和竹子在冬天不会凋零，依然青翠，梅花会在冬天开放，不惧严寒。

松、竹、梅，这三种植物在古代文人的心中是品格高洁的象征。三种植物经常成为古代文人笔下的描写对象。王安石的这首《梅花》就是代表诗作。诗人说，“墙角数枝梅，凌寒独自开”。墙角有几枝梅花，冒着严寒独自盛开。凌寒，就是冒着严寒的意思。

大部分花都在温暖的春天开放。梅花却不，它偏要在寒冷的时候开花。面对严寒，梅花无所畏惧。正是这样的精神，才让古代文人对它充满了敬佩。王安石也不例外。

从诗中可知，王安石看到的是白梅，为什么这么说呢？因为他说，“遥知不是雪，为有暗香来”。远远地就知道不是雪，因为有清幽的香气飘来。暗香，就是清幽的香气。如果不是白色，单凭颜色就能判断出那是梅花。可是，诗人需要凭借香气来判断，说明他看到的梅花和白雪的颜色相似。

bǔ suàn zǐ · sòng bào hào rán zhī zhè dōng
卜算子·送鲍浩然之浙东

sòng wáng guān
[宋]王观

shuǐ shì yǎn bō héng, shān shì méi fēng jù.
水是眼波横，山是眉峰聚。
yù wèn xíng rén qù nǎ biān? méi yǎn yíng yíng chù.
欲问行人去那边？眉眼盈盈处。

cái shǐ sòng chūn guī, yòu sòng jūn guī qù.
才始送春归，又送君归去。
ruò dào jiāng nán gǎn shàng chūn, qiān wàn hé chūn zhù.
若到江南赶上春，千万和春住。

注释

卜算子：词牌名。

行人：词人的朋友。那：同“哪”。

才始：方才。

和春住：把春天留住。

译文

水像美人流动的眼波，山如美人皱起的眉毛。
想问问行人要去哪里？到有山有水的好地方。

刚刚才送走了春天，现在又要送你归去。
如果到江南赶上春天，一定要把春天留下来。

诗的解读

王观，字通叟，江苏如皋人。北宋词人，与著名词人秦观并称“二观”。

这首词的题目里，“卜算子”是词牌，“送鲍浩然之浙东”是词人取的。

一上来，王观就写风景。“水是眼波横，山是眉峰聚”，诗人眼中的水，就像美人的眼波一样流动；诗人眼中的山，就像美人的眉毛一样皱着。“聚”就是聚集。眉毛聚集起来，不就是皱着眉吗？

需要细细讨论的是“眼波横”三个字。古代汉语里，有一个词语叫“横波”，既能指代流动的水波，也能指代女子流动的眼神。词人写的是“眼波横”，这里指的是，水像美人流动的眼波。

写了水，写了山，然后词人写：“欲问行人去那边？眉眼盈盈处。”

想问行人要去哪里？行人说，去的是“眉眼盈盈处”。第一二句写水和山时，说它们像眼睛和眉毛。因此，行人要去的“眉眼盈盈处”就是有山有水的美好地方。盈盈，就是形容仪态美好的意思。到这里，词的上阕（què）说完了。

大部分词分上下两段。一首词的一段称为一阕。前一段称“上阕”，也叫“上片”。后一段称“下阕”，也叫“下片”。现在，我们继续说这首词的下阕。

词人说，才送走了春天，又要送你回去。最后两句说，朋友啊，假如你到了江南，还能赶上春天，一定要把春天留住。“和春住”就是把春天留住。读完这首词，我们能感受到词人对友人的祝福。

赠刘景文

zèng liú jǐng wén

[宋]苏轼

sòng sū shì

hé jìn yǐ wú qíng yǔ gài
荷尽已无擎雨盖，

jú cán yóu yǒu ào shuāng zhī
菊残犹有傲霜枝。

yì nián hǎo jǐng jūn xū jì
一年好景君须记，

zuì shì chéng huáng jú lǜ shí
最是橙黄橘绿时。

注释

刘景文：苏轼的朋友。

擎：举。雨盖：雨伞，这里用来比喻舒展的荷叶。

橙黄橘绿：橙子发黄、橘子将黄犹绿的时节，指秋末冬初。

译文

荷花凋谢后已经没了雨伞般的荷叶，

菊花开败后仍然有不怕寒冷的枝干。

您一定要记住一年中最美好的景致，

正是橙子金黄、橘子将黄犹绿的时节。

诗的解读

这首诗是苏轼写给他的好朋友刘景文的。刘景文，本名刘季孙，字景文。他很有才华，苏轼很推崇他，两人友谊深厚，经常写诗赠予对方。1090 年，苏轼第二次在杭州当官时，写下了这首诗。这首诗写的是秋末冬初之景。

第一句诗人说，“荷花已无擎雨盖”。擎，是举的意思。雨盖，就是雨伞，在这里比喻舒展的荷叶。荷花是夏天盛开的花，到了秋天快要结束、冬天快要到来的时候，肯定已经残败了。

第二句诗人说，“菊残犹有傲霜枝”。傲霜枝，就是在寒冷的霜中依然傲然挺立的枝干。不仅荷花如此，连盛开于秋天的菊花也残败了。然而，菊花的枝干仍留在那里，抵抗着秋冬时节寒冷的霜。

第三句诗人说，“一年好景君须记，最是橙黄橘绿时”。君，是对别人的尊称。在这里，说的是刘景文。诗人说，您一定要记住一年当中最美好的景致，正是这橙子金黄、橘子将黄犹绿的时候。诗人不但没有觉得这个时节很糟糕，反而觉得这是一年当中最美好的时节。

秋末冬初，万物萧条。可是，诗人说，即便如此，仍有金黄的橙子可以丰收。还有绿着的橘子，在不远的将来也能收获。这就像人们在黑暗和逆境之中，总能寻找到光明和希望一样，令人感动并且雀跃。刘景文没有得到朝廷的重用，这首诗，就是苏轼在鼓励刘景文。无论什么时候，都不能被挫折打败。

huàn xī shā

浣溪沙

sòng sū shì
[宋]苏轼

yóu qí shuǐ qīng quán sì sì lín lán xī xī shuǐ xī liú
游蕲水清泉寺，寺临兰溪，溪水西流。

shān xià lán yá duǎn jìn xī sōng jiān shā lù jìng
山下兰芽短浸溪，松间沙路净
wú ní xiāo xiāo mù yǔ zǐ guī tí
无泥。萧萧暮雨子规啼。

shuí dào rén shēng wú zài shào mén qián liú shuǐ shàng
谁道人生无再少？门前流水尚
néng xī xiū jiāng bái fà chàng huáng jī
能西！休将白发唱黄鸡。

注释

浣溪沙：词牌名。
蕲水：县名，湖北浠水一带。
浸溪：浸润在溪水中。
萧萧：这里形容雨声。暮雨：傍晚的雨。
无再少：不能再回到少年时光。
唱黄鸡：感叹时光飞逝。黄鸡报晓，意味着新的一天的开始，这里用来表示时光流逝。

译文

游览蕲水的清泉寺，寺庙靠近兰溪，溪水向西流淌。

山下兰草短短的嫩芽浸润在溪水之中，松间的沙石小路被雨水洗得洁净无泥。傍晚的雨中回响着杜鹃鸟的声声啼叫。

谁说老去了的人生不能重新回到年少？门前的流水尚且可以向西流淌。不要总是在年老的时候感叹时光飞逝。

诗的解读

这首词的开头有一段话："游蕲水清泉寺，寺临兰溪，溪水西流。"这段话叫序。有时，词的正文前面会出现序。它的作用就是为了让我们知道词人写这首词的背景。很明显，词人是去了一趟蕲水的清泉寺，然后有感而发，写下了这首词。写这首词时，苏轼被贬去了黄州。

苏轼有个优点，就是身处困境时依然能保持乐观的态度和旷达的胸襟。这是他的智慧。这首词也是如此。虽然被贬了官降了职，但是来到蕲水的清泉寺游览风景，他依然有个不错的心情。或许，这与此处的好风景也有关系。

读这首词，我们能感受到清泉寺所在的这座山十分静谧。山里有一条小溪。在序中，我们知道这条小溪叫兰溪。溪边上有刚刚发芽的兰草嫩芽，这些嫩芽正浸润在水中。山中还有一条松树围绕的沙石小路。一般的沙路总是尘埃四起。可是，这里却干净得连泥巴都没有。

这是为什么呢？紧接着词人就告诉了我们原因。"萧萧暮雨"四个字不仅告诉了我们天气，也告诉了我们时间。原来松间的沙路是被傍晚的这场雨冲洗干净的。雨中，还能听到杜鹃鸟的啼叫声。站在寺庙里，看着雨中的美景，听着鸟鸣的声音，让词人觉得格外安心。

这首词，上阕写的是眼前的景色，下阕写的是心中的感想。我们在杜甫那一册书中讲过王维的《山居秋暝》。那首诗和这首词所描写的情境，有些相近，都十分安静而美好。到了词的下阕，词人开始了他的思考。要注意“谁道人生无再少”里的“少”，说的不是多少，而是年少。

词人说，谁说人生老去不能重新回到年少？你可能也会疑惑，人老了就是老了啊，怎么还能重新回到年少的时光呢？的确如此。不过，词人说的不是时间意义上的年少，而是思想、态度上的年少。即便人老了，心态不能老，依然要像年轻人一样积极乐观。

词人说，“门前流水尚能西”。连门前的水都能坚持向西流淌，为何人的心态不能始终像年少时那样充满活力呢？最后一句里的“休”字最有趣，不仅表达了“不要”的意思，还有一种强烈的语气。绝对不要在老了以后总是感叹时光飞逝。就好像，词人在说，有这时间感叹，还不如活得乐观一点儿呢！

qīng píng yuè

清平乐

sòng huáng tíng jiān

[宋]黄庭坚

chūn guī hé chù jì mò wú xíng lù

春归何处？寂寞无行路。

ruò yǒu rén zhī chūn qù chù huàn qǔ guī lái tóng zhù

若有人知春去处，唤取归来同住。

chūn wú zōng jì shuí zhī chú fēi wèn qǔ huáng lí

春无踪迹谁知？除非问取黄鹂。

bǎi zhuàn wú rén néng jiě yīn fēng fēi guò qiáng wēi

百啭无人能解，因风飞过蔷薇。

注释

清平乐：词牌名。

寂寞：清净，寂静。无行路：没有留下春去的行踪。

啭：鸟婉转地鸣叫。解：懂得，理解。

因风：借着风势。

译文

春天离开后回到了什么地方？四处寂静得没它离开的行踪。

如果有谁知道了春天的去处，就把春天喊回来一起居住吧。

谁会知道春天消失了的踪迹？只有去问一问那些黄鹂了吧。

没人懂它无数次婉转的鸣叫，它便借着风势飞过了蔷薇花。

诗的解读

黄庭坚，字鲁直，号山谷道人，洪州分宁（今江西修水）人，北宋文学家、书法家。他不仅是盛极一时的江西诗派的开山之祖，也是北宋著名的孝子。他十分孝顺，亲自为母亲洗了数十年的马桶，从不嫌弃。这个故事叫“涤亲溺器”，流传很广。

另外，黄庭坚和苏轼的关系不一般。他是苏轼最得意的学生。苏轼曾用“苏门四学士”来形容自己的四个学生——黄庭坚、秦观、晁补之和张耒，以此表达自己对他们的器重。

自古以来，有很多描写春天的诗词，黄庭坚的这首词便是其中非常优秀的作品。我们这套书里有好几首写春天的诗词。比如，白居易的《大林寺桃花》，王观的《卜算子·送鲍浩然之浙东》。这首《清平乐》，写的就是春天离开之后词人心中的惋惜和无奈。

暮春时节，词人四处寻找春天的踪迹。春天离开之后，四处都变得十分寂静。可离开之后，春天能去哪儿呢？词人也不知道。他说，要是有人知道春天去了哪里，就把它喊回来一起居住吧。在词人心中，春天就像他的一个朋友。他很舍不得。可是，谁会知道春天去了哪里呢？

词人说，只能去问黄鹂了。黄鹂无数次发出婉转的鸣叫声，不知道在说些什么。就算黄鹂想告诉别人春天在哪里，也没有人能听懂它的叫声。这首词就像一个小故事。故事的最后，是黄鹂无奈地离开了。风在吹，它借着风，飞过了蔷薇花丛。

xuě méi

雪梅

sòng lú yuè

［宋］卢钺

méi xuě zhēng chūn wèi kěn xiáng

梅雪争春未肯降，

sāo rén gē bǐ fèi píng zhāng

骚人阁笔费评章。

méi xū xùn xuě sān fēn bái

梅须逊雪三分白，

xuě què shū méi yí duàn xiāng

雪却输梅一段香。

注释

降：服输。

骚人：诗人。阁：同“搁”，放下。费：花费心力。评章：评议，这里指比较梅与雪的高下。

逊：不及，比不上。三：虚数，表示程度。

译文

梅与雪都认为各自占尽春色，谁也不肯服输，

诗人不知如何评判高下，只能放下手中的笔。

梅花有比不上雪花之处，少了雪花三分洁白，

雪花也有输给梅花之处，少了梅花一段清香。

诗的解读

卢钺，字威杰，宋代诗人。这首《雪梅》写得简洁、朴素，很有哲理。这首诗很明显写的是冬日里的雪与梅这两样事物。这首诗，就像一个童话故事。

故事里有三个角色，前两个是诗人使用了拟人手法的梅和雪。第三个就是“骚人”，指的就是诗人。诗人还有另一种说法，叫“骚客”。介绍完了这三个角色，故事就开始了。梅与雪都觉得自己占尽了春色，要争出一个高下。到底谁更美？这可难倒了我们的诗人。

诗人也想费心为它们评出胜负，可他实在不知道谁更美。他只好放下手中的笔。第二句中的“阁笔”就是“搁笔”。那么，到底谁更美呢？诗人觉得，雪更加洁白，这一点是梅逊色；梅更加清香，这一点是雪所不及的。最后，诗人觉得，二者难分高下，没有输赢。

其实，生活中也是这样。很多事情，没有必要争出胜负输赢。把自己能做的事情做好，做好自己应该做的事情，才是正确的道理。别人有的东西，我们不一定有。我们有的东西，别人也不一定有。本诗中的梅与雪，各有千秋。

yè shū suǒ jiàn
夜书所见

sòng yè shào wēng
[宋]叶绍翁

xiāo xiāo wú yè sòng hán shēng
萧萧梧叶送寒声，
jiāng shàng qiū fēng dòng kè qíng
江上秋风动客情。
zhī yǒu ér tóng tiǎo cù zhī
知有儿童挑促织，
yè shēn lí luò yì dēng míng
夜深篱落一灯明。

注释

萧萧：风吹树叶的声音。
动：触动。客情：游子思乡之情。
挑：用细长的东西拨弄。促织：蟋蟀的别称。
篱落：篱笆。

译文

梧桐叶落的萧萧声送来阵阵寒意，
江上的秋风触动着游子的思乡情。
料想是有小孩子在拨弄蟋蟀玩耍，
夜深时篱笆那里还有一盏灯亮着。

诗的解读

我们在前面讨论过叶绍翁的诗《游园不值》。这次，我们来聊聊他的《夜书所见》。题目的意思是，夜晚写下所见的风光。从第一句“萧萧梧叶送寒声”我们就知道这首诗写的是秋天的故事。秋天，梧桐树叶才会纷纷掉落。树叶落下的声音传入耳中，也送来了秋天的阵阵寒意。

在古代文人心中，春天是令人欢喜的，秋天是令人伤感的。因此，诗人说“江上秋风动客情”。江上的秋风吹来，也吹动了在他乡为客的游子们的思乡之心。客，这个字在古诗词里常见。我们平时常说“客人”。那么，一个人在家乡之外的其他地方，不也是那些陌生地方的客人吗？

诗的题目叫《夜书所见》，就是夜晚书写自己所看见的事物、景色。从诗的前两句，我们还没有看出来诗的内容跟夜晚有关。不过，接下来的两句，就能看出来了。诗人说，“知有儿童挑促织，夜深篱落一灯明”。诗人看到，夜深时候村子里的篱笆那里还亮着一盏灯，因此，诗人猜想大概是孩子们在拨弄蟋蟀玩耍吧。

篱落，就是篱笆。篱笆，是古代乡村用来保护院子的一种常见设施，一般都是由木头、竹子、芦苇或者石头构成的。促织，是蟋蟀的别名。有的地方，也叫“蛐蛐儿”。古代民间，“斗蟋蟀”是一种常见的娱乐活动，就是把两只蟋蟀关在一起让它们打架供人们取乐。

这首诗里写的“挑促织”，不一定是一群孩子在斗蟋蟀，也可能是一个孩子在拨弄一只蟋蟀。

当然，这是诗人的猜想。因为这么晚了，村子里的篱笆那里亮着灯笼，所以诗人猜想应该是小孩子在拨弄蟋蟀玩耍。对比中更见诗人孤独的心境。

cūn wǎn

村晚

sòng léi zhèn

[宋] 雷震

cǎo mǎn chí táng shuǐ mǎn bēi
草满池塘水满陂，
shān xián luò rì jìn hán yī
山衔落日浸寒漪。
mù tóng guī qù héng niú bèi
牧童归去横牛背，
duǎn dí wú qiāng xìn kǒu chuī
短笛无腔信口吹。

注释

村晚：乡村的傍晚。

陂：池塘的岸。

寒漪：让人感到寒意的水中波纹。

腔：曲调。信：随便，随意。

译文

池塘里面盈满了水，池塘岸边长满了草，
山衔着落日的倒影，浸在冷冷的涟漪中。
牧童在回家的路上，横着骑在牛背上面，
随意地吹着短笛，发出不成曲调的声音。

诗的解读

雷震，宋代诗人。《村晚》描写了乡村傍晚的优美景致。从这首诗里，我们能看出古代乡村生活是多么悠闲、惬意。诗人在诗中为我们呈现出一幅充满童趣、欢乐又宁静的乡村画卷。

第一句中的“陂”字，长得很像“坡”。虽然读音完全不同，但是有时“陂”也有山坡的意思。不过，大部分时候它的意思是池塘的岸边。第一句是说，池塘里盈满了水，池塘岸边长满了草。

接下来诗人说，“山衔落日浸寒漪”，山衔着落日倒映在水中，倒影浸在泛着寒意的涟漪里。这个“衔”字很生动。衔，一般是用嘴含着的意思。山的轮廓都是高低起伏的。如果远处落日的位置恰好在山坳里，那么是不是很像山含住落日了呢？诗人用了拟人的手法，非常生动。“寒漪”就是指泛着寒意的涟漪。涟漪，就是水的波纹。风一吹，水上就会有涟漪。

然后，诗人看到了牧童。有一个牧童横着骑在牛背上。这是说，牧童的两条腿在牛背的一侧，是侧身坐着的，并不是两条腿分开跨坐在牛背上的。他吹起了短笛，很随意地吹着。最后一句里“无腔”就是不成曲调的意思。就像我们胡乱哼着没调子的歌一样。更显出了乡村生活的安适惬意。

跟着大诗人读通古诗词

白居易的漫步

南熊 编著

走进大诗人
跌宕起伏的一生

读通小学古诗词
112首

化学工业出版社
·北京·

图书在版编目（CIP）数据

跟着大诗人　读通古诗词.白居易的漫步/南熊编著. 一北京：
化学工业出版社，2022.9
ISBN 978-7-122-41869-2

Ⅰ.①跟…　Ⅱ.①南…　Ⅲ.①古典诗歌-中国-小学-教学参
考资料　Ⅳ.①G624.203

中国版本图书馆CIP数据核字（2022）第128614号

责任编辑：张　曼
责任校对：杜杏然
书籍设计：尹琳琳

出版发行：化学工业出版社
（北京市东城区青年湖南街13号 邮政编码100011）
印　　装：中煤（北京）印务有限公司
787mm×1092mm　1/16　印张20　字数500千字
2023年5月北京第1版第1次印刷

购书咨询：010－64518888
售后服务：010－64518899
网　　址：http://www.cip.com.cn
凡购买本书，如有缺损质量问题，本社销售中心负责调换。

定　　价：139.00元（全5册）　　

目录

诗词游乐场 36

走进白居易的一生

颠沛流离的童年

洛阳是个好地方。

那里有很多名胜古迹。除了著名的龙门石窟，还有很多名人墓园。比如，杜甫墓。公元770年，杜甫在一条去往岳阳的江中小船上去世。去世后，家里太穷，杜甫被就近葬在岳阳附近。数十年之后，他的墓才被迁回故乡祖坟，葬在洛阳首阳山下。

洛阳还有白居易的墓园。在杜甫去世两年之后，白居易出生了。白居易，字乐天，晚年号香山居士。公元772年，白居易出生于河南新郑，祖籍山西太原。他和杜甫都出生在河南，他们的父亲也都做过县令，而且白居易的祖父还是巩县县令，巩县正是杜甫出生的地方。

不过，白氏没有杜氏家族煊赫。童年的白居易，颠沛流离。他出生不久，家乡发生兵乱。两岁时，白居易的祖父祖母相继去世。父亲白季庚在白居易八岁时担任彭城县县令。后来，升为徐州别驾。当时徐州最高一级的长官叫刺史，别驾相当于二级长官，辅佐一级长官。幼年时，白居易已背井离乡。

白居易跟随父亲到了徐州之后，徐州又发生战乱。为了保护家人安全，白季庚就把家人安置在宿州的符离镇。白居易的童年便是在符离度过的。童年时代，白居易生活在兵荒马乱之中，过得既不轻松也不愉快。他和很多大诗人一样，自幼天资聪颖。不过，他不仅聪明，还很勤奋。

白居易勤奋的程度，很多人都比不了。无论白天还是夜晚，他都在读书，休息时间很少。长时间坐着不动，对身体不好。时间久了，白居易的嘴里开始长疮，胳膊肘都磨出了老茧。即便如此，他也不偷懒，依然孜孜不倦地学习。可想而知，这个叫白居易的少年是多么的认真、努力、刻苦。

十几岁时，白居易到长安拜访大诗人顾况。无论在官场，还是在诗坛，顾况都是德高望重的前辈。在唐朝，想要出人头地，除了参加科举考试，还要有厉害的人推荐。求官路上，拜访贵人，寻求推荐，在唐朝是一种风气。当时，有一个词语叫“干谒（yè）”，专门用来形容这种向权贵或者名人自我推荐的风气。

顾况本来没有在意这个年轻人。直到白居易献上自己写的一首诗，才让顾况另眼相看。一首小诗，赢得了顾况的欣赏。这首诗就是《赋得古原草送别》。看到这首诗，顾况就知道白居易很有才华。因此，他鼓励白居易说：“你有这样的才华，在长安待下去，问题不大。”

fù dé gǔ yuán cǎo sòng bié

赋得古原草送别（节选）

táng bái jū yì

［唐］白居易

lí lí yuán shàng cǎo

离离原上草，

yí suì yì kū róng

一岁一枯荣。

yě huǒ shāo bú jìn

野火烧不尽，

chūn fēng chuī yòu shēng

春风吹又生。

注释

赋得：按照指定、限定的诗题作诗。

离离：草木繁盛的样子。

枯：枯萎。荣：茂盛。

译文

野外的原野上，长满茂盛的草，

一年一年过去，枯萎繁盛交替。

原野上的大火，也烧不光它们，

只要春风一吹，青草又会生长。

诗的解读

这首诗，是白居易根据古代科举考试规定的格式写的一首诗。题目中的“赋得”，表示这是一首命题诗。科举考试规定题目之后，考生们作诗的时候就要在题目上加上“赋得”二字。文人相聚时，有时大家也会约定好题目或以古人写过的句子为题，一起来进行创作。这时，也会写上“赋得”二字。

这是白居易拜访顾况时呈给顾况的诗。如果面见大人物也是一种考试的话，那么，这首诗算是诗人为了一个考试而写的。诗的题目告诉我们，这是一首送别诗。不过，“离离原上草”中“离离”不是分离，而是形容青草茂盛的样子。这句话是说，原野上的草长得十分茂盛。

这些草，都是野草，没有人管理它们。因此，它们会随着季节的不同而发生变化。春天，草会长出来。秋天，草会枯萎。这些草，每年都会长出来一次又枯萎一次。于是，诗人说“一岁一枯荣”。一年又一年，年年如此，它们就在繁盛与枯萎之间交替着生长。就像诗人与朋友之间，有时相聚，有时分别。

这些野草的生命力非常旺盛。诗人说：“野火烧不尽，春风吹又生。”原野上的大火都不能将它们烧光，只要第二年的春天一到，春风一吹，它们又会破土而出，重新长得漫山遍野。诗人写的场景，是野草丛生的郊外原野，这说明送别朋友，依依不舍，一路送到了人烟荒芜的地方。

世上的友情和亲情一样伟大。

就这样，白居易鼓起勇气，留在了长安。在长安，白居易待了几年。之后，白居易回到家中，继续学习。他要为将来的科举考试做准备。白居易一如既往地刻苦。几年之后，白居易再次来到长安，参加科举考试，获得了第四名的好成绩。

一个装病“偷懒”的好人

在长安考试的过程中，白居易认识了一个叫元稹（zhěn）的人。他也是进京赶考的学生。元稹也很会写诗，很有才华。白居易考到了第四名。第一名是谁？就是元稹。他和白居易感情很好，两个人经常形影不离。不过，两个人的命运却大不一样。

白居易虽然是第四名，但是没有家世背景，没有权贵之人的推荐。他只能从最底层做起。他第一次当官，当的只是一个县尉。县尉就是辅佐县令的小官，比县令还要低一级。白居易去的地方是距离长安六七十公里的周至县。这个县很贫穷，县令又非常凶，经常欺压百姓。

县令是白居易的“上司”，白居易不想跟他同流合污，可是又做不了县令的主，他只能想办法逃避县令要他去做的那些坏事。他开始装病。每次装病，都装很久。县令知道他是装病，可是白居易毕竟是朝廷派下来的人，县令也不敢强迫白居易。最后，就随他去了。

坏事白居易坚决不做。他想做好事，有县令阻拦，一样做不成。如此一来，他每天无事可做，只能四处闲逛。那时，白居易有两个好朋友，一个姓王，一个姓陈。一次，三人聚在一起聊天、喝茶、晒太阳。他们聊到了以前的安史之乱，也聊到了唐代的绝世美人杨玉环。杨玉环可是中国历史上的四大美人之一。

中国四大美人，分别是春秋时期的西施、西汉时期的王昭君、三国时期的貂蝉和唐朝时期的杨玉环。因为白居易很有才华，所以两个朋友就让他写一首跟杨贵妃有关的诗。白居易答应了。自从写了一首《赋得古原草送别》而小有名气之后，已经很久没有写出一首轰动时代的诗了。

因此，答应朋友之后，白居易绞尽脑汁，非常用心。最后，他写出了《长恨歌》这一首旷世巨作。这首诗传到长安之后，让白居易成了震惊朝野的大诗人。仿佛是一夜成名，忽然之间长安城里的人们都知道了有一个叫“白居易”的了不起的诗人。皇帝也知道了他。白居易的生活悄悄地发生着变化。

很快，朝廷下旨封他为翰林学士。虽然翰林学士不是高官，但是能经常在皇帝的身边。很多宰相都是从翰林学士一步一步走过来的。李白也在翰林院待过，而他没被正式封官，只是得到机会在那里工作。

白居易从一个小小县尉直接变成翰林学士，可以说一步登天了。不久之后，白居易又被升为左拾遗。杜甫当过左拾遗，白居易的好朋友元稹也当过。元稹一上来就是左拾遗，不像白居易，等了这么多年。

那时候，白居易家中双喜临门。除了当上左拾遗，他还娶妻了。白居易娶了一个姓杨的女子。后来，他们还有了一个女儿。这时候的白居易已经三十几岁了。

白居易和元稹发起了“新乐府运动”，主张诗歌要走进百姓的生活，关注黎民苍生。很多有名的诗人都来参加。比如诗人张籍、王建等。还有李绅，那位写过《悯农》的大诗人。白居易写了很多反映百姓苦难的诗。百姓受罪，就是朝廷无能。写多了，就会得罪朝廷。很多人劝他不要写这些诗，连妻子杨氏也开始抱怨、责备他。白居易觉得，如果为百姓着想会得罪朝廷，那么他更要坚持到底。

mǐn nóng

悯农（其一）

táng lǐ shēn

[唐] 李绅

chūn zhòng yí lì sù

春种一粒粟，

qiū shōu wàn kē zǐ

秋收万颗子。

sì hǎi wú xián tián

四海无闲田，

nóng fū yóu è sǐ

农夫犹饿死。

注释

悯：同情。

粟：谷子，小米。这里泛指种子。

四海：到处，天下。

犹：仍然，还要。

译文

春天种下一颗种子，

秋天收获很多粮食。

天下没有荒芜的田，

农人却仍然被饿死。

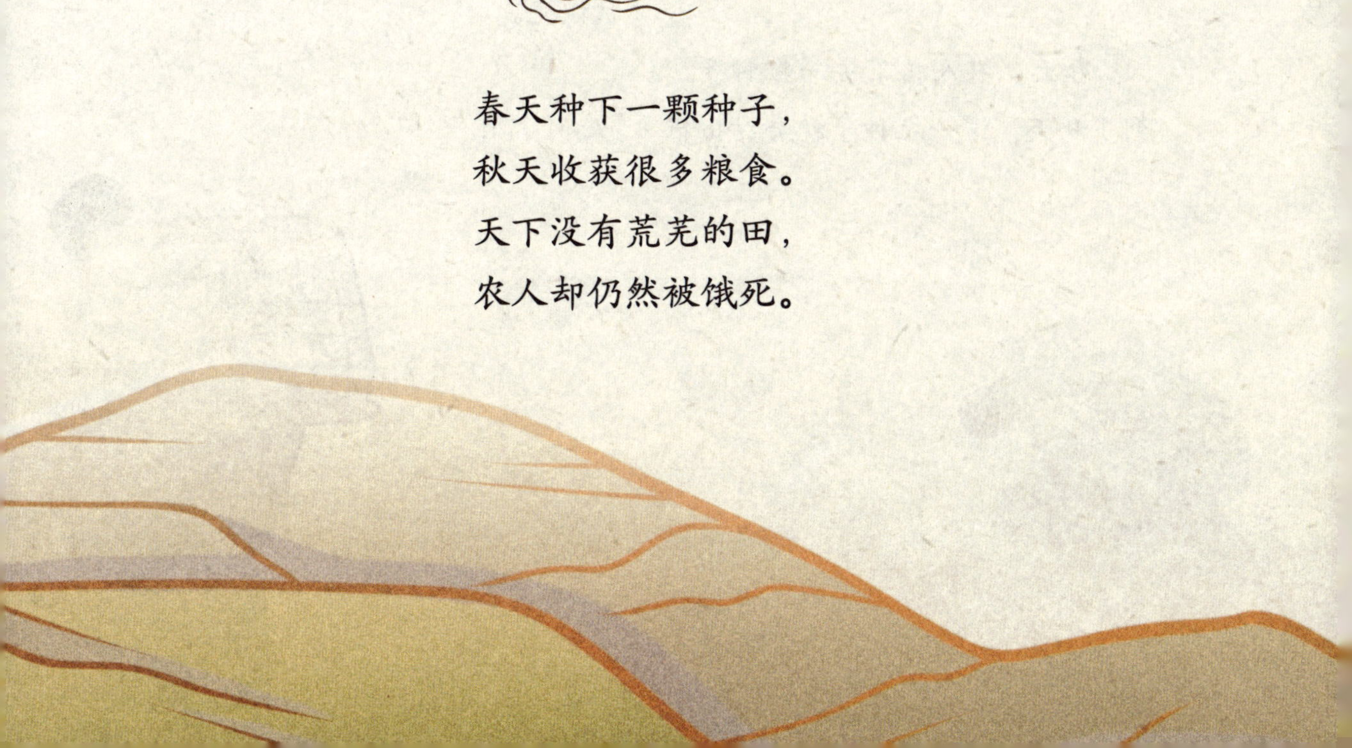

诗的解读

李绅，字公垂，祖籍安徽亳州，后来迁居江苏无锡。他当过唐朝的宰相，也是著名的诗人。从题目《悯农》就能看出来，这首诗说的是农人的故事。悯，同情。题目就是同情农人的意思。这首诗，能真实地反映诗人那个年代的现实。诗人说："春种一粒粟，秋收万颗子。"

粟，是中国古代主要的粮食作物，主要种植于黄河中上游地区。平时说的"小米粥"，这个小米就是粟。不过，第一句里的"粟"指的是粮食的种子，意思更宽泛一些。第二句里的"子"，反而不是种子的意思，是指粮食。万，是虚指，形容粮食很多。

春天，农人播下去一粒种子，到了秋天，这一粒种子就会结出很多果实，让农人收获无数粮食。可是，即便这么丰收，也没有什么用。就像诗人说的"四海无闲田，农夫犹饿死"。四海，就是我们说的"五湖四海"，指的是整个国家。整个国家的田地都在生产粮食，都没有空闲着、荒废着的田，可是农人仍然会被饿死。

这是为什么呢？

那时候相当多的农人没有自己的地，他们种庄稼的地都是从地主那里租来的。他们辛苦种出来的粮食，大部分都会被地主拿走。自己真正能留下的粮食非常少。这样一来，无论多么辛苦，总有很多农人被饿死。

mǐn nóng
悯农（其二）

táng　lǐ shēn
［唐］李绅

chú hé rì dāng wǔ
锄禾日当午，
hàn dī hé xià tǔ
汗滴禾下土。
shuí zhī pán zhōng cān
谁知盘中餐，
lì lì jiē xīn kǔ
粒粒皆辛苦。

注释

当：正当。

皆：全，都。

译文

正午时分农民还在锄草，
汗水滴到禾苗下的土里。
有谁知道盘子中的食物，
每一粒都是辛苦换来的。

诗的解读

这首诗，你一定非常熟悉。它和骆宾王的《咏鹅》、李白的《静夜思》、王之涣的《登鹳雀楼》一样，都是传颂度极其高的千古名诗。这首诗跟前面一首是一组诗，题目都是《悯农》，表达的自然也是诗人对农人的同情。

农人在烈日炎炎下劳作的场景，司空见惯。当诗人看到这个画面时，他有着不一样的思考。他说“锄禾日当午”。锄禾，就是锄草。日当午，就是这一天正当中午，也就是正午。正午，阳光最强烈。此时，农人没有偷懒，还在田里锄草。

你可能会问，农人大热天去锄草干什么呀？锄禾，是为了给禾苗松一松土，同时除去杂草。锄禾，是农人种庄稼时必不可少的一个步骤。除去杂草以后，土壤中的营养才能被禾苗更好地吸收，也能使得土壤松散一些，更有利于植物的生长。

这么炎热的时候，农人还在干

活，肯定会累得满身大汗。果然，诗人说“汗滴禾下土”。农人的汗水已经多到从身上滴下来，落到禾苗下面的土里了。

接下来，诗人用“谁知盘中餐，粒粒皆辛苦”两句诗给我们传达了一个道理。这两句诗的意思是，谁会知道大家平时盘子里的食物，每一粒都是靠农人的辛苦换来的。其实，我们都知道。只是我们常常忘记。平时吃饭时，喜欢的会多吃，不喜欢的就不吃。这是不对的。不喜欢的食物，也要吃一点儿。

所有的食物都来之不易。如果不喜欢吃的食物就不吃，那么这些食物不就浪费了吗？浪费食物是不对的。我们要尊重农人辛苦劳动的成果。而且，我们的食物是爸爸妈妈花钱买来的。爸爸妈妈的钱，也是他们辛苦工作赚来的。这么一想，我们是不是更不应该挑食和浪费了呢？

一直想为百姓做事

当年，轰动文坛的事情，除了白居易和元稹共同倡导的“新乐府运动”，还有后来出现的“古文运动”，由韩愈、柳宗元一起发起，主张写文章要言之有物，要写秦汉时期那样的散文。“古文”这个词语，是韩愈相对之前流行的“骈文”提出来的。讲究对仗工整和声律铿锵的骈文，遭到了韩愈等人的反对。

两大文坛运动，对后世也产生了非常深远的影响。“新乐府运动”针对的是诗歌；“古文运动”针对的是文章。韩愈和柳宗元的关系，就像白居易和元稹一样，是真朋友，是好兄弟，是一辈子的知己。韩愈留下的《早春呈水部张十八员外》和柳宗元留下的《江雪》都是传世名诗。和白居易相比，他们的才华毫不逊色。

zǎo chūn chéng shuǐ bù zhāng shí bā yuán wài

早春呈水部张十八员外

táng hán yù

［唐］韩愈

tiān jiē xiǎo yǔ rùn rú sū
天街小雨润如酥，
cǎo sè yáo kàn jìn què wú
草色遥看近却无。
zuì shì yì nián chūn hǎo chù
最是一年春好处，
jué shèng yān liǔ mǎn huáng dū
绝胜烟柳满皇都。

注释

呈：恭敬地送上。水部张十八员外：指唐代诗人张籍，曾任水部员外郎，因在同族兄弟中排行第十八，所以又称“张十八”。

天街：京城的街道。润如酥：形容春雨滋润细腻。酥，酥油。

最是：正是。处：时。

绝胜：远远胜过。烟柳：春末柳树生长茂盛时，看上去像烟雾笼罩一样。

皇都：唐代都城长安。

译文

京城街上下着的雨，就像酥油一样细腻，
远远看去草色青青，走近再看却没有了。
早春的这个时候，是一年里最美的时节，
远远胜过绿柳满城的春末。

诗的解读

韩愈，字退之，河南河阳（今孟州）人，唐代著名文学家。这首诗的题目很长，我们先聊聊《早春呈水部张十八员外》这个题目。这个题目，应该这样读“早春／呈／水部／张十八／员外”。早春，指春天刚到不久。这是写作时间。呈，就是恭敬地送给别人。水部，是朝廷的一个工作部门。张十八，是人名。员外，是身份。

这个被诗人称为“员外”的张十八是什么人？这个张十八，就是诗人张籍。由于他在整个家族的兄弟里排行第十八，因此，被人称为“张十八”。很显然，张籍是水部的官员，官职就叫员外郎。

写这首诗时，韩愈是礼部侍郎，管理学校、教育和科举考试的事情，也涉及与其他国家的礼仪往来等工作。此时，韩愈心情不错。这首诗，写的是春天刚刚开始时，都城长安的美好风光。诗的题目跟内容关联并不大。

诗人说：“天街小雨润如酥。”我们常用“天子”来指代皇帝。天街，就是京城的街道。酥，即酥油，由牛乳或羊乳经提炼而成的一种奶油。这句诗的意思是，京城街道上下起了小雨，小雨绵密、细腻，就像酥油一样。早春的雨天，小草刚刚长出一些。远远看去能看到一片隐隐约约的绿色。

可是，走近一看，视野变小了，不能看到整片的草地，反而觉得小草稀稀疏疏的，还没有完全长好。之前，从远处看到的成片成片的绿色，突然就没有了。这就是第二句“草色遥看近却无”的意思。听上去，这样的景色也没有多漂亮啊。其实，这正是早春的细腻与朦胧之美。

后两句，诗人说，“最是一年春好处，绝胜烟柳满皇都”。绝胜，远远胜过。烟柳，是说柳树茂密时，连成一片的样子如烟似雾。皇都，自然指长安。诗人觉得，现在就是春天最美的时候，比整个京城到处都是如烟柳树还要美丽得多。

jiāng xuě
江雪

táng liǔ zōngyuán
[唐] 柳宗元

qiān shān niǎo fēi jué
千山鸟飞绝，
wàn jìng rén zōng miè
万径人踪灭。
gū zhōu suō lì wēng
孤舟蓑笠翁，
dú diào hán jiāng xuě
独钓寒江雪。

注释

绝：尽。

径：小路。

蓑：用草或棕编织而成，用来防雨雪的衣具。笠：用竹或草编织成的帽子。

翁：男性长者。

译文

群山之中的鸟儿全都飞走了，
道路上也完全没了人的踪迹。
孤单的船上有位披戴蓑笠的老人，
独自一人在寒冷的江雪中钓着鱼。

诗的解读

柳宗元，字子厚，河东（今山西永济）人，唐代著名文学家。他和韩愈都位列“唐宋八大家”。这首《江雪》是唐诗里的经典之作。写这首诗时，柳宗元被贬了官，在湖南永州出任永州司马。

柳宗元在永州待了十年，地处偏远。可是，即便如此，苦难也没有将他打倒。这首诗就是他始终坚定理想的一个证据。为什么这么说呢？我们先从理解这首诗的意思开始，一步一步讨论。诗人前两句写景，后两句写人。

从诗的题目就能看出来，已经是寒冬时节，江上大雪纷飞。诗人说，“千山鸟飞绝，万径人踪灭”。“千”与“万”，形容山很多、路很多。山中本来鸟语花香，可是寒冬到来之后，群山之中的鸟儿全都飞走了。绝，就是尽，表示一只鸟都没有了。路上也没有了人的踪迹。灭，是说人的踪迹完全消失。

此时，天地之间，一片安静。安静得令人感到孤单。不过，即便如此，还有一个老人不惧严寒，没有离开。这就是“孤舟蓑笠翁，独钓寒江雪”里的这个“翁”。翁，就是老人。蓑笠，就是蓑衣和箬（ruò）笠。

这个老人，独自坐在一条孤单的小船上。他穿着蓑衣，戴着箬笠，在钓鱼。寒冬大雪，哪里还能钓得到鱼呢？可是，老人很固执。无论别人怎么说，他都坚持在白雪皑皑的江面上钓鱼。老人的精神，就是诗人自己的精神。无论条件怎样艰苦，都不能轻易放弃自己心中的理想。

白居易当左拾遗的时候，元稹已经被当朝权贵排挤走了。在这个位置上，白居易干了三年，真的做成了几件大事。他又一次向朝廷的权贵发起了挑战。

当时，有一个人叫王锷（è）。这个人是武将出身。因有战功，被调到了京城。后来，又去广州当了刺史。

王锷想当宰相。他想用贿赂的方式，让朝廷的人为他说话。白居易心想，如果他当宰相，百姓就遭殃了。白居易没有直接说他贿赂官员，而是换了个说法。他跟皇帝说，只有廉洁奉公的人才能当宰相。

白居易非常真诚，皇帝明白了其中的意思。虽然白居易没有完全阻断王锷的计谋，但是王锷的宰相之梦，被白居易一捣乱，耽搁了六年才当上。结果，王锷只当了一年宰相就死了。

白居易针砭时弊的诗歌、言语、奏章太多了。时间久了，皇帝有点儿不高兴了。一直有人劝说白居易，不要总跟朝廷对着干，可他没有办法对人间疾苦视而不见。果然，有一天，白居易就接到圣旨，皇帝不让他当左拾遗了。

他被调去当京兆府户曹参军，就是掌管京兆府的户籍、租税。这次还不算真正的惩罚，因为官位是升了的。只是，不像左拾遗一样，能为百姓说话。虽然官位上升，但是权力下降了。祸不单行，此时他的母亲去世了。当时规定，官员在位期间，父母去世，不管什么官职，都要辞官回家，为父母守丧二十七个月。

这个规定有个说法，叫“丁忧”。结果，为母亲守丧的“丁忧”期间，他的女儿又夭折了。一连串的打击，让白居易身心俱疲。守丧结束之后，白居易回到长安。朝廷任命他为太子左赞善大夫。这个官职就是陪伴太子左右，有身份，有地位，有名望。既享受荣华富贵，也没有什么风险。可是，白居易是一个想为百姓做事的人。这样一个官位，给他再多的收入，对他来说都没有意义。他除了每天陪着太子，什么也干不了。两年之后，长安发生了一件怪事，当朝宰相武元衡被当街谋杀。这件事震惊了朝野。

宰相一死，国家也会跟着乱。宰相之死疑点重重，很多人不敢发表意见。白居易非常气愤，认为朝廷应彻查此案，捉拿凶手。后来，他还直接写奏章给皇帝。要知道，此时的他是没有资格过问这些事情的。皇帝不管，他就开始写诗，讽刺那些不作为的官员。

白居易的诗传播得非常快。整个京城都知道宰相死了没有人管。这弄得皇帝非常没有面子。再加上一些别的原因，很快，一道圣旨下来，白居易被贬成了江州司马。皇帝让他在京城没了容身之处。江州就是现在的江西九江。司马是一个地方最高长官的辅佐官员。

白居易的仕途，一落千丈。

哪怕疾病缠身，依然努力工作

从长安到江州，迢迢千里。一路上，白居易边走边想，他思考着自己以前的点点滴滴。他问心无愧，却沦落至此。慢慢地，白居易对朝廷和社会风气感到失望。白居易在江州待了四年。这四年里，在他慢慢老去的同时，理想与抱负也离他越来越远。

四年里，白居易什么也不想做。每天除了听听琵琶，就是看看山水。什么都不做，朝廷反而觉得白居易“进步”了。四年之后，他升任为忠州（今重庆市忠县）刺史，成了地方最高长官。虽然忠州是个小地方，但是只要有权力，他就立刻为百姓做事。

后来，皇帝换了。白居易在忠州待了一年，任期未满，就被重新召回长安。白居易是个人才，皇帝需要他。尽管白居易的官位一升再升，最后成为中书舍人，能够直接为皇帝起草诏书，可是这位新皇帝毫无主见。白居易对皇帝和朝廷心灰意冷。最后，他主动请求离开了长安。

之后，白居易出任杭州刺史。我们说过，刺史就是一个地方的父母官，是地方上的最高长官。在杭州，白居易待了一年半，整修西湖水利，

疏通杭州水道，做了不少事。再之后，白居易被调去当苏州刺史。这时，白居易生病了。

哪怕疾病缠身，他依然努力工作。

直到支撑不住，他才向朝廷请求辞职。不用举例说明白居易为百姓做了多少事，就看他离开时百姓依依不舍哭成一片，就知道他是一个多么负责、多么尽心的地方官了。苏州的百姓总是拿他和韦应物相提并论。没错，就是那个写了《滁（chú）州西涧》的韦应物，也是一位深得人心的苏州刺史。

滁州西涧
chú zhōu xī jiàn

[唐]韦应物
táng wéi yìng wù

dú lián yōu cǎo jiàn biān shēng
独怜幽草涧边生，
shàng yǒu huáng lí shēn shù míng
上有黄鹂深树鸣。
chūn cháo dài yǔ wǎn lái jí
春潮带雨晚来急，
yě dù wú rén zhōu zì héng
野渡无人舟自横。

注释

西涧：滁州城西的上马河。涧，山间流水的沟，小溪，这里指上马河。

怜：喜爱。

深树：幽深的树林。

野渡：郊野的渡口。横：随意漂浮。

译文

特别喜爱长在小沟边的清幽芳草，
上面有黄鹂在树木深处不时啼叫。
傍晚混着雨的春日潮水来得湍急，
野外渡口无人只有小船独自漂浮。

诗的解读

韦应物，字义博，京兆万年（今陕西西安）人，唐代著名的文学家、藏书家。一般来说，大家认为这首诗是韦应物出任滁州刺史时所写。滁州，就是现在的安徽滁州。西涧，指的是滁州城西的“上马河”。我们在杜甫那一册书中讨论王维的《鸟鸣涧》时，说过“涧”的意思。那首诗里，涧可以理解为小溪。

不过，这首诗里的“涧”有明确的指代，就是上马河。在滁州当官的时候，韦应物喜欢一个人在郊外散步。上马河是他常去的地方。在上马河边，韦应物看到了美丽的春日风景，有感而发，写下了这首诗。诗人说，“独怜幽草涧边生”，他特别喜欢河边的草。这些草长在河边幽深的地方，芳草清幽。

草地的上方是树。诗人说，“上有黄鹂深树鸣”。树木深处传来了黄鹂的叫声。虽然诗人没有写花，只写了草、树和鸟，但是我们仍然能从这两句诗里，感受到上马河边鸟语花香的美好风光。此时，已是傍晚，上马河的水流湍急。诗人说，“春潮带雨晚来急”。春潮带雨，说明跟春汛有关。

春天的雨让河水上涨。春雨也是形成春汛的一个原因。显然，诗人在上马河边看到的水流很急，是春汛造成的。因此，诗人才说“春潮带雨”。混带着雨的河水，急匆匆地流着。这时，诗人看到了渡口处有一条小船。

渡口，就是小的码头。

为什么是小的码头呢？因为真正的码头可以停靠很大的船，这意味着比较宽阔的水域才有码头。渡口则在比较狭窄的水道，可以停靠的也是很小的船。缩小版的码头，就是渡口。诗人说，“野渡无人舟自横”。野渡，野外的渡口。横，随意地漂浮着。这里没有人，只有一条小船独自漂浮。

安徽滁州是个人杰地灵的好地方。上马河，因为韦应物的这首诗现在已经改名为“西涧湖”，每年节假日都游人如织。除此以外，著名的琅琊山、醉翁亭也在滁州。

白居易回到长安。朝廷终于开始认可他的为人和成绩，官越做越大。只是，白居易已经老了，精力也大不如前。他想做点儿事，也没了力气。过了两年，他老来得子。本以为后继有人了，没想到孩子三岁就夭折了。老去的白居易，膝下无子，十分孤独。他也彻底厌倦了官场。

离开充满阴谋、算计的长安，白居易搬去了洛阳，在洛阳安度晚年。期间，他和大诗人刘禹锡经常来往。两人一起写诗、漫游。刘禹锡是那个时代很有名望的大诗人。他写过《望洞庭》《浪淘沙（其一）》等名诗。期间，白居易也留下了《池上》《忆江南》这样不可多得的佳作。

wàng dòng tíng
望洞庭

táng liú yǔ xī
［唐］刘禹锡

hú guāng qiū yuè liǎng xiāng hé
湖光秋月两相和，

tán miàn wú fēng jìng wèi mó
潭面无风镜未磨。

yáo wàng dòng tíng shān shuǐ cuì
遥望洞庭山水翠，

bái yín pán lǐ yì qīng luó
白银盘里一青螺。

注释

洞庭：洞庭湖，位于今湖南北部。

相和：交相融合。和，和谐。

镜未磨：没有打磨过的铜镜。

青螺：青绿色的螺。这里用来形容洞庭湖中的君山。

译文

秋天洞庭湖上水光和月色相互融合，

湖面风平浪静就像没被打磨的铜镜。

远远眺望能看到洞庭湖上山水苍翠，

君山就好像白色银盘里的一枚青螺。

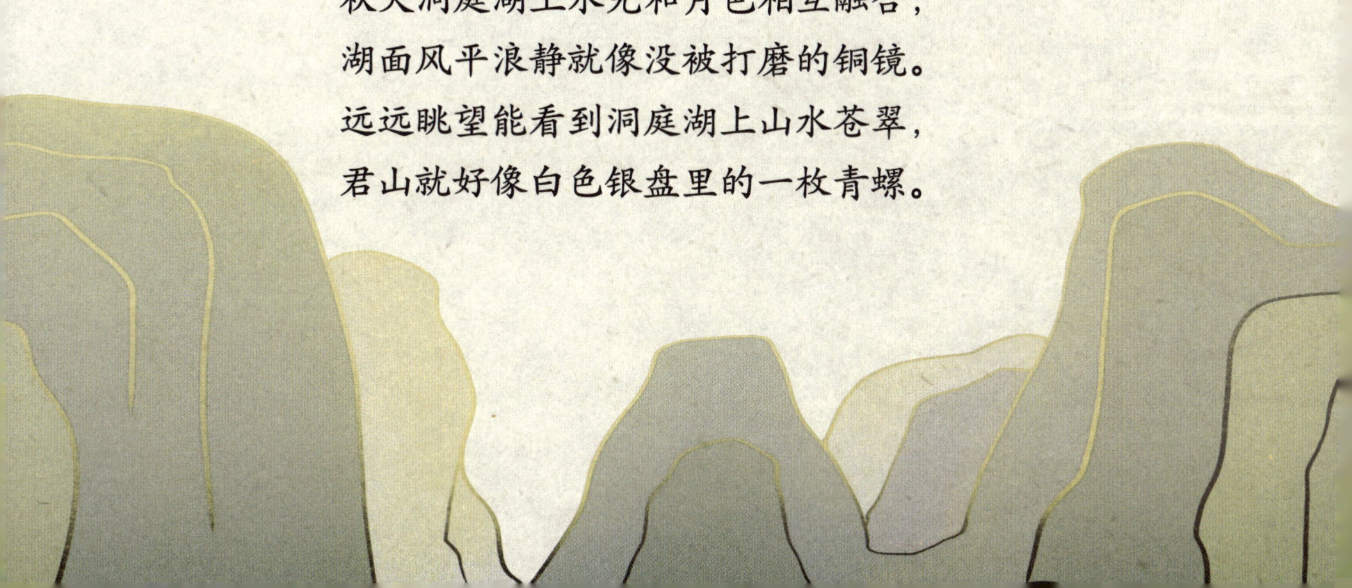

诗的解读

刘禹锡，字梦得，河南洛阳人，唐代大诗人。刘禹锡去和州（今安徽省和县）出任和州刺史的路上，经过洞庭湖时写下了这首诗。这首诗是刘禹锡的代表作。刘禹锡去过好几次洞庭湖，不过，只有这一次是在秋天时看到的洞庭湖。秋天的洞庭湖风光很美。

洞庭湖在今湖南省北部，跨越了很多县、市。湖中有座洞庭山，因此，从春秋战国时期就有了“洞庭湖”这个名字。秋天的洞庭湖有多美呢？我们来听刘禹锡细细说来。诗人说，“湖光秋月两相和”。秋天，月光照在湖上，月亮的倒影和泛出的水光交融在了一起。

湖面没有风的时候，就像诗人说的“潭面无风镜未磨”。潭，我们在李白那一册书中讨论李白的《赠汪伦》时聊过“桃花潭”。桃花潭、洞庭湖，说的都是水。显然，潭面就是水面的意思。水面风平浪静的时候，就像一面没有经过打磨的铜镜一般。迷人的洞庭湖，在诗人眼中越来越美。

到了“遥望洞庭山水翠”一句，诗人的视野开始变得开阔起来。遥遥望去，洞庭湖和洞庭山，呈现出一片动人的青翠颜色。洞庭山就是我们现在说的君山。君山不是在洞庭湖旁，而就在洞庭湖中。山在水中央，看上去就像这座山是漂浮在水面上一样。只有来到像洞庭湖这样人杰地灵的地方，才算得上真正的“游山玩水”。

最后一句，“白银盘里一青螺”。诗人把洞庭湖的水面比喻成“白银盘”，把君山比喻成“一青螺”。君山坐落在洞庭湖里。看上去，就像白色的银盘里放着一枚青螺。青螺，也叫塘螺或河螺，广泛分布于我国淡水水域的湖泊、池塘、沼泽、河流、小溪等处，是中国传统的水产品之一。

很多住在水边的人们，都会卷起裤管去河水浅的地方，自己打捞青螺，然后带回家，洗干净，做成菜。在江南地区，青螺肉做的菜是非常受欢迎的。南熊叔叔从小就很喜欢一道菜：韭菜炒青螺肉。想必，咱们的大诗人刘禹锡当年在洞庭湖，也吃了不少青螺吧！

浪淘沙（其一）

làng táo shā

[唐] 刘禹锡

jiǔ qū huáng hé wàn lǐ shā
九曲黄河万里沙，
làng táo fēng bǒ zì tiān yá
浪淘风簸自天涯。
rú jīn zhí shàng yín hé qù
如今直上银河去，
tóng dào qiān niú zhī nǚ jiā
同到牵牛织女家。

注释

浪淘沙：唐代乐曲名，这里用作诗题。刘禹锡创作的《浪淘沙》组诗共九首。

簸：颠簸。

译文

曲折的万里黄河，一路挟带着泥沙，
狂风掀起了巨浪，像来自天的边缘。
如今能沿着黄河，笔直地飞上银河，
一起去寻访一下，牛郎和织女的家。

诗的解读

这首《浪淘沙》，诗人描写了黄河的壮丽和雄浑。第一句“九曲黄河万里沙”说的是黄河的全景。黄河流经了山川、丘陵、平原，河道弯弯曲曲的。因此，诗人用“九曲”来形容黄河非常曲折。九，是虚指，并不是说弯曲了九次。万里，也是虚指，表示黄河很长。沙，是说黄河水里充满泥沙。

第二句“浪淘风簸自天涯”，写黄河河面上那种大风大浪的恢宏气势。簸，颠簸。“浪淘风簸”形容波涛滚滚，万里奔腾。在诗人眼中，这样壮阔的场景，实在太不平凡了，仿佛是从天边降临的。天涯，就是天的边缘处。从这一句开始，诗人用想象力诉说着黄河的伟大。

第三句“如今直上银河去”，是说在诗人的想象中，黄河水仿佛是从天上流淌下来的，仿佛黄河连接着天上和人间，好像我们沿着黄河一直走，就能直接走上银河，走到天上。第四句“同到牵牛织女家”，是说到了天上，就能一起去寻访牛郎和织女的家了。

chí shàng
池上

tánɡ bái jū yì
[唐]白居易

xiǎo wá chēnɡ xiǎo tǐnɡ
小娃撑小艇，
tōu cǎi bái lián huí
偷采白莲回。
bù jiě cánɡ zōnɡ jì
不解藏踪迹，
fú pínɡ yí dào kāi
浮萍一道开。

注释

小娃：小孩子。小艇：小船。
不解：不知道。
浮萍：一种水生植物，叶片悬浮在水面，随水浮动。

译文

一个小孩子撑着船桨划着小船，
偷偷地跑出去采摘了白莲回来。
他不知道隐藏自己的行踪，
浮萍被小船划开，水面上留下一条痕迹。

诗的解读

写此诗时，白居易身处洛阳。有一天，白居易去一个池塘边散心，碰到了一个小朋友，于是写了这首诗。白居易写诗，最擅长讲故事。这首诗里也讲一个小故事。可是，再寻常、再普通的故事，在白居易的笔下，都会显得很有意思。比如，这个故事里，白居易看到了一个调皮的小孩。

前两句，“小娃撑小艇，偷采白莲回”。句子意思很简单，就是小孩撑着小船，偷偷采摘了白莲回来。你可能会问，船不是划着前进的吗？怎么是撑呢？如果是在面积不大并且很浅的湖泊或者河沟里，可以不用船桨，直接拿一根竹篙之类的东西，戳进水底用力一推，船就动起来了。这就是撑船。

因为小孩一个人划船出去玩耍是很危险的事情，所以会担心爸爸妈妈责备他贪玩。后两句，“不解藏踪迹，浮萍一道开”。解，在这里不是解答，而是懂得、明白、知道的意思。小孩不知道隐藏自己的行踪，浮萍被小船划开，水面上留下一条痕迹。

你见过浮萍吗？浮萍就是漂浮在水面上的一种绿色植物。一枚浮萍很小，不过通常它们是一大片一大片地漂浮在水面上的。如果小船在池塘中行进，遇到浮萍的话，就会把浮萍冲散，留下小船经过的痕迹。正如诗中所说的一样。

忆江南

[唐] 白居易

江南好，风景旧曾谙。
日出江花红胜火，
春来江水绿如蓝。
能不忆江南？

注释

忆：回想，怀念。
谙：熟悉。
蓝：蓝草，古代用来制作染料。

译文

江南很美丽，那里的风景曾经就很熟悉。
初升的太阳把江边的红花映得比火还红，
春天到来后江水的颜色就像蓝草一样绿。
这么美丽的江南怎么可能不让人怀念呢？

诗的解读

这是一首词。题目《忆江南》就是它的词牌名。白居易喜爱江南。他说，“江南好，风景旧曾谙”。谙，是熟悉的意思。江南好，好在哪儿？从这首词后面的描述可以看出来，说的是风景好。

江南的风景好，而这些风景他以前就很熟悉。那么，有哪些风景让他记忆犹新呢？他说：“日出江花红胜火，春来江水绿如蓝。”日出时，太阳照在本来就是红色的花上，让红花显得更红，比火还要红。春天来了之后，江水的颜色就像蓝草一样绿。“绿如蓝”里的蓝，不是蓝色，而是指一种叫“蓝草”的植物。

在白居易眼中，江南的日出、红花、绿水都这么美。因此，“能不忆江南”这句话，就是白居易在问，江南这么好，怎么能不让人怀念呢？

846 年，白居易逝世于洛阳，葬于洛阳香山。白居易去世后，夫人杨氏依照白居易生前的嘱咐，请诗人李商隐为白居易写了墓志铭。

墓志铭是古代一种文体，通常分为两部分。前一部分用散文形式记录逝者身份和生平事迹，称为“志”；后一部分用押韵的韵文形式，表示对逝者的悼念和赞颂，称为“铭”。李商隐的这篇墓志铭回顾了白居易的一生。白居易离开之后，下一代的诗坛，属于这个叫李商隐的年轻人了。

诗词游乐场

必背篇

塞下曲

[唐]卢纶

月黑雁飞高，
单于夜遁逃。
欲将轻骑逐，
大雪满弓刀。

注释

塞下曲：乐府旧题。多描写军旅生活。单于：匈奴的首领。这里泛指当时侵扰边境的游牧民族首领。遁逃：逃走，躲避。将：率领。轻骑：轻装快速的骑兵。

译文

月光昏暗的夜色中，一群大雁振翅高飞，
此时单于趁着天黑，想不被发现地逃跑。
将领打算一路追捕，率领着轻装的骑兵，
一场大雪纷纷落下，洒满将士的弓与刀。

诗的解读

卢纶，字允言，河中蒲（今山西永济西南）人，唐代诗人。卢纶在边塞生活了很久。

这首诗里的第一句“月黑雁飞高”，诗人就给大家描写了故事发生的时间与环境。那是一个没有月光的夜晚，一群大雁正在展翅高飞。此时，“单于夜遁逃”。敌军首领想趁着天黑逃跑。单于是一个称呼，用于匈奴人部落联盟的首领。不过，在这首诗里，单于泛指当时侵扰边境的游牧民族的首领。那么，这个单于有没有逃走而不被人发现呢？

答案是没有。因为“欲将轻骑逐”。欲，是想要、打算的意思。轻骑，指轻装上阵骑着马的士兵。逐，是追赶的意思。唐军的将领发现了单于的计谋，于是打算率领轻装上阵的骑兵去追捕。虽然是将领率兵追赶，但是句子里的“将”，不是将领，而是率领的意思。这时，诗人写到了将士们的武器。

诗人说“大雪满弓刀”。他们带着弓箭和刀去追杀逃走的单于，一场大雪落下，洒满了他们的武器。这场战争，唐军把敌人打得落花流水。诗人描写的追兵即将出发的一幕，表现出军队的自信——只派轻装的骑兵追击而不用大军。最后，单于有没有被唐军将士们追到？故事充满了悬念。诗人没有说出结局，这样也给我们留下了想象的空间。

yóu zǐ yín
游子吟

táng mèng jiāo
［唐］孟郊

cí mǔ shǒu zhōng xiàn
慈母手中线，
yóu zǐ shēn shàng yī
游子身上衣。
lín xíng mì mì féng
临行密密缝，
yì kǒng chí chí guī
意恐迟迟归。
shuí yán cùn cǎo xīn
谁言寸草心，
bào dé sān chūn huī
报得三春晖。

注释

游子吟：古代乐府曲调名。

寸草心：这里指子女的心意。寸草，小草，这里比喻子女。

三春晖：春天灿烂的阳光，这里比喻慈母之恩。三春，旧称农历正月为孟春，二月为仲春，三月为季春，合称“三春”。晖，阳光。

译文

慈祥的母亲用自己手中的针和线，
为远行的孩子缝制着身上的衣衫。
临行前一针针把衣服密密地缝好，

母亲担心孩子迟迟没有办法回家。
谁敢说子女像草一样微小的孝心，
能报答母亲春日阳光一样的恩情？

诗的解读

孟郊，字东野，湖州武康（今浙江德清）人，唐代大诗人。孟郊一生仕途失意，穷困潦倒。两次参加科举考试，都失败了。后来，在母亲的鼓励下，孟郊第三次参加考试，终于考上了。做官之后，把母亲从老家接来，以尽孝道。就是这个时候，孟郊写下了这首感人至深的《游子吟》。

这首诗，语言直白。诗里的“游子”，就是远游在外的子女。诗人说，“慈母手中线，游子身上衣”。慈祥的母亲用自己手里的针和线，为在外的孩子缝制着身上的衣裳。

接下来的两句，很值得探讨。“临行密密缝，意恐迟迟归”。临行之前，母亲一针针地把衣服密密地缝好，因为母亲担心孩子出门之后很长时间不能回来。“密密缝”这三个字，意思是说母亲把衣服缝得非常细密、结实。衣服被缝得越紧密，就越牢固。

最后两句“谁言寸草心，报得三春晖”是千古名句。寸草，就是小草。一年分四季，每个季节是三个月。春天的三个月，按时间顺序，分别叫孟春、仲春、季春。所谓“三春”，就是整个春天。晖，是阳光的意思。最后两句的意思是，谁敢说像草一样微小的孝心，能够报答得了母亲春天阳光一样伟大的恩情呢？

xún yǐn zhě bú yù
寻隐者不遇

táng jiǎ dǎo
[唐]贾岛

sōng xià wèn tóng zǐ
松下问童子，

yán shī cǎi yào qù
言师采药去。

zhǐ zài cǐ shān zhōng
只在此山中，

yún shēn bù zhī chù
云深不知处。

注释

寻：寻找，拜访。

言：说，告知。

童子：未成年的小孩，指隐者的徒弟。

译文

青松下询问隐者的徒弟，

他说他的师父采药去了。

师父就在这座大山之中，

云深雾重不知他的行踪。

诗的解读

贾岛，字浪仙，范阳（今河北涿州）人，自号碣石山人，唐代大诗人。早年出家为僧，法号“无本”。他一生曲折、穷苦，被唐代文学家韩愈称为“苦吟诗人”。这首诗的题目是《寻隐者不遇》，就是诗人去寻找一个“隐者”却没有碰到。隐者，是不愿意当官、隐居在山野中的人。这首诗写得新颖、别致。

诗的前两句，“松下问童子，言师采药去”。一问一答，既写了自己，也写了别人。这个“童子”，是小孩的意思。不过，他不是普通的小孩，他是隐者的徒弟。诗人在松树下问童子，他师父在哪儿？童子说，他师父采药去了。

师父去哪儿采药了？“只在此山中，云深不知处。”这位隐者就在这座山里采药，只是山里有很深、很重的云雾，因此童子也无法确定他师父所在的准确地点。这首诗朗朗上口，很容易背诵。贾岛是一个对写诗要求很高的人。平时有一个常用词语“推敲”说的便是贾岛的故事。

曾经，贾岛写过一首诗，诗里有“僧敲月下门”这样一个句子。当时，贾岛苦苦思索，一直不能定下来，到底是写“僧推月下门”还是“僧敲月下门”。连走路的时候，他都在想“推”和“敲”这两个字哪一个更好。结果，已经是大官的韩愈正带着一路人马经过。贾岛没有注意，一下撞到了韩愈的队伍。

韩愈不但没有生气，反而建议他使用“敲”字。“推敲”这个词就这么诞生了。这个词形容写文章时每个字都仔细研究、反复琢磨，也形容做事情时精益求精。贾岛写诗，从不马虎，连一个字都拼尽全力去思考。这一点，值得我们向他学习。

xiǎo ér chuí diào

小儿垂钓

tóng hú lìng néng

[唐] 胡令能

péng tóu zhì zǐ xué chuí lún

蓬头稚子学垂纶，

cè zuò méi tái cǎo yìng shēn

侧坐莓苔草映身。

lù rén jiè wèn yáo zhāo shǒu

路人借问遥招手，

pà dé yú jīng bú yìng rén

怕得鱼惊不应人。

注释

稚子：年幼的孩子。垂纶：垂钓。纶，钓鱼用的丝线。

莓苔：青苔。

借问：向别人打听。

应：应答。

译文

一个头发蓬乱的小孩子在学习钓鱼，

侧坐在青苔上，草丛掩映着他的身影。

过路的人想要问路他就远远地摆手，

害怕水中的鱼儿受惊不敢出声应答。

诗的解读

胡令能，圃田（今河南中牟）人，唐代诗人。他是个传奇人物，长期隐居在圃田，家里十分贫穷。年轻时，他给别人修补锅碗盆缸，以此为生。他没读过什么书，却能写诗。这件事让人难以理解。

他的诗浅显易懂，写的都是日常生活。平时没有人关心的小事情，在他的笔下，都别有一番趣味。这首《小儿垂钓》，题目和内容，都很简明，就是写小孩子学习钓鱼这件事。

小儿说的不是诗人的小儿子，而是小孩。一个他可能都不认识的小孩。这一天，诗人走在路上看到了一个小孩在河边钓鱼。这个小孩长什么样子呢？诗人说，“蓬头稚子学垂纶”。蓬头，指头发乱蓬蓬的。稚子，就是年幼的孩子。钓鱼用的丝线，就叫“纶”。垂纶，自然就是钓鱼。

这个头发乱蓬蓬的小孩子，在学钓鱼。他一个人侧身坐在青苔上，草丛掩映着他的身影。第二句，“侧坐莓苔草映身”。莓苔，就是青苔。虽然学习钓鱼不是什么大事，但是这个孩子非常认真。这是怎么看出来的呢？

后两句，“路人借问遥招手，怕得鱼惊不应人”。路过的人想要问个路，这个孩子就远远地“招手”。这里的“招手”，是摆摆手的意思，不是招手叫人过来。小孩生怕别人靠近之后，惊动了水中的鱼儿，于是“不应人”，不敢发出声音回应别人。整首诗充满童趣。

fēng
蜂

táng luó yǐn
［唐］罗隐

bú lùn píng dì yǔ shān jiān
不论平地与山尖，

wú xiàn fēng guāng jìn bèi zhàn
无限风光尽被占。

cǎi dé bǎi huā chéng mì hòu
采得百花成蜜后，

wèi shuí xīn kǔ wèi shuí tián
为谁辛苦为谁甜？

注释

山尖：山峰。

占：占有，占据。

甜：享受甘甜。

译文

无论在平地原野还是在山尖峰顶，
繁花盛开的地方都被蜜蜂占据了。
采集了百花的花粉酿成了蜜以后，
不知道为谁辛苦和让谁享受甘甜？

诗的解读

罗隐，字昭谏，杭州新城（今浙江杭州市富阳区西南）人，唐代文学家。罗隐连续参加过多次科举考试，全部名落孙山。后来，罗隐在九华山隐居了多年。九华山位于安徽省池州市青阳县。大诗人李白也曾亲自登临过九华山。不过，罗隐这首诗没有写九华山。

这首诗写的是蜜蜂。

虽然蜜蜂小小的，但是它们很厉害。前两句，“不论平地与山尖，无限风光尽被占”。不管是在平地原野上，还是在山尖的峰顶，无穷无尽的春日风光都被蜜蜂占据了。为什么这么说呢？因为春天最美的风光就是百花盛开。无论花开在哪里，蜜蜂都会找到它们。所以，才说无限春光都被蜜蜂占据了。

蜜蜂找到这些花，要做什么呢？当然是为了采集花粉，酿成蜂蜜啊。诗人说：“采得百花成蜜后，为谁辛苦为谁甜？”然而，酿成蜂蜜之后，这些蜂蜜也不能都给自己享用。因此，诗人才问，那么到底是为谁忙碌，又为了让谁享受蜂蜜的甘甜呢？你可能会有同样的疑问。

蜜蜂是群体生活的昆虫。每一只蜜蜂都有属于自己的集体。在一个蜜蜂集体中，蜜蜂有三种类型：蜂王、雄蜂、工蜂。蜂王和工蜂都是雌性，由于身体发育程度不一样，蜂王只有一只，工蜂数量不限。蜂王和雄蜂，是不怎么工作的。我们平时见到的蜜蜂基本都是工蜂。

工蜂负责了几乎所有的事情，包括采集花粉、酿制蜂蜜、建筑蜂巢、养育幼虫等工作。工蜂寿命很短，一般只有一两个月。然而，只要活着，它们就必须不停地工作，直到死去。这就是蜜蜂的世界里一直都有的规则。因此，诗人觉得很不公平，写下了这首《蜂》，想替工蜂们问一句，如此忙碌，为了什么呢？

huà

画

yì míng
佚名

yuǎn kàn shān yǒu sè
远看山有色，

jìn tīng shuǐ wú shēng
近听水无声。

chūn qù huā hái zài
春去花还在，

rén lái niǎo bù jīng
人来鸟不惊。

注释

惊：惊动。

译文

在远处可以看见山的颜色，
在近处却听不到水的声音。
春天过去了花儿还在开着，
人走近了鸟儿不会被惊动。

诗的解读

佚名，是谁呀？记住，佚名不是一个人的人名。佚名表示大家都不知道作者是谁。这种情况，就会出现“佚名”两个字。既然没有人知道这首诗的作者，那么我们就专心致志地欣赏这首诗吧。这首诗的题目是《画》，写的是诗人欣赏一幅画时的感受。

这首诗，第一句有“山”，第二句有“水”，第三句有“花”，第四句有“鸟”。显然，画中有四样东西。诗人说，“远看山有色，近听水无声”。在远处能看到山青翠的颜色，可是走近了却听不到流水的声音。水只有流动起来，才有声音啊。画里的水，当然听不到声音啦。

我们再看后两句。诗人说，“春去花还在，人来鸟不惊”。哪怕春天已经过去了，花还在盛开着，不会凋落。人走近了之后，鸟也不会因为受到惊吓飞走。它们是在画里的，在画里都是静止的，不会随着季节的更改而变化，也不会因为人的靠近而惊动。这就是画与现实的区别。

dà lín sì táo huā

大林寺桃花

táng bái jū yì

[唐] 白居易

rén jiān sì yuè fāng fēi jìn

人间四月芳菲尽，

shān sì táo huā shǐ shèng kāi

山寺桃花始盛开。

cháng hèn chūn guī wú mì chù

长恨春归无觅处，

bù zhī zhuǎn rù cǐ zhōng lái

不知转入此中来。

注释

大林寺：位于江西庐山大林峰上，与西林寺、东林寺并称为庐山三大名寺。

人间：这里指山下的村落。尽：完。这里指花凋零。

山寺：山上的寺庙，指大林寺。

始：才。

长：经常。恨：遗憾。

译文

四月时山下村落里的百花都已凋零，

而山上大林寺里的桃花则刚刚盛开。

常为春光逝去又无处可寻感到遗憾，

却不知春天已经悄悄转到这里来了。

诗的解读

大林寺位于江西庐山的大林峰。大林寺与西林寺、东林寺并称为庐山的三大名寺。当时，白居易正在江西九江当官。一般来说，桃花是在三月的中下旬盛开的。这一年暮春时节，白居易来到大林寺，居然还看到了寺庙中桃花盛开的样子。

于是，诗人写下了这首诗。第一句“人间四月芳菲尽”，这里的人间，指的是山下的村落。芳菲，芳香而艳丽，一般用来指代盛开的花朵。山下村子里，阴历四月，许多花都已经凋谢了。第二句“山寺桃花始盛开”。春天都快过去了，结果诗人上山到大林寺一看，寺里的桃花竟然刚刚盛开。

诗的第三句“长恨春归无觅处”需要讨论一下。这里的恨，不是怨恨、憎恨，而是惋惜、遗憾。长恨，就是常常惋惜，或是感到遗憾。春归，是说春天回去了，言下之意就是春天过去了、结束了。觅，是寻找的意思。它还能组成“寻觅”这个词语，也是寻找的意思。那这句话到底是什么意思呢？

这句话是说，春天结束之后，诗人不知道去哪里才能再找到春天，因为这件事常常感到惋惜、遗憾。就像在山下的时候，诗人以为春天结束了，结果到了大林寺发现寺里桃花盛开，春光仍在。因此，诗人说“不知转入此中来”，竟然不知道春天已经转到了大林寺里面。为什么会出现这样的情况呢？

春光是不会从一个地方转到另一个地方的。山下的春天结束了，山上的春天却仿佛刚刚到来。之所以会出现这样的情况，是因为庐山的大林峰海拔很高，气温回升的速度比山下要慢，因此，桃花盛开的时间也推迟了。这就是诗人为什么在山下看到百花凋零，却能在山上看到桃花盛开的原因。

mù jiāng yín

暮江吟

táng bái jū yì

［唐］白居易

yí dào cán yáng pū shuǐ zhōng

一道残阳铺水中，

bàn jiāng sè sè bàn jiāng hóng

半江瑟瑟半江红。

kě lián jiǔ yuè chū sān yè

可怜九月初三夜，

lù sì zhēn zhū yuè sì gōng

露似真珠月似弓。

注释

暮江吟：吟咏傍晚江景的诗。

残阳：将要落下的太阳。

瑟瑟：形容未受到残阳照射的江水所呈现的青绿色。

可怜：可爱。

真珠：这里指珍珠。

译文

傍晚要落山的太阳铺照在水面上，

江水变成了一半青绿色一半红色。

九月初三的夜晚是多么的可爱呀，

露珠像珍珠而月亮就像弯弯的弓。

诗的解读

这首诗叫《暮江吟》。暮，指黄昏。黄昏的时候，诗人在江边，写下了这首诗。诗人在江边站了很久，因为诗里的景色，从黄昏慢慢地变成了夜晚。前两句写黄昏，后两句写夜晚。诗人说，“一道残阳铺水中”。你看过水边的日落吗？那时，夕阳的光会斜斜地洒下来，就像铺在水面上一样。

残阳就是快要落山的太阳。随着阳光一点一点被山挡住，太阳的形状也从圆形开始慢慢变成半圆，最后消失不见。日落时分，夕阳照下来，江水的颜色也发生着变化。有阳光照射的部分，会呈现出跟太阳相似的红色。阳光没有照到的地方，还是水本来的青绿色。这就是“半江瑟瑟半江红”。

瑟瑟，有好几个意思。最常见的意思是形容颤抖，比如我们说“瑟瑟发抖”。在这首诗里，意思是碧绿的样子，说的是江水没有被夕阳的光照到的部分呈现出青绿色。接下来，太阳落山了，月亮升起来了。时间到了晚上。这一天，诗人记得很清楚，是阴历九月初三。他说，“可怜九月初三夜”。

可怜，在这里是可爱的意思。跟我们平时使用“可怜”时表达的意思完全不一样。诗人说，九月初三的夜晚是多么可爱啊。为什么诗人觉得这个夜晚很可爱呢？诗的最后一句“露似真珠月似弓”给出了回答。因为这一晚的露珠就像珍珠，月亮就像弯弓。

露珠在月光的照耀下，就像珍珠一样晶莹、璀璨。很容易想象出来。那么，月亮呢？每月的阴历十五，月亮是圆的。每月月初或月末，月亮都是又弯又细的。九月初三自然是月初的时间，此时我们看到的正是弯弯的月牙。弯弯的月牙，不就像一把弯弯的弓一样吗？这样的形容真的非常生动。

浪淘沙（其七）

lànɡ táo shā

[唐] 刘禹锡

八月涛声吼地来，
头高数丈触山回。
须臾却入海门去，
卷起沙堆似雪堆。

注释

八月涛：指浙江省的钱塘江大潮，每年农历八月十八潮水最大。

须臾：片刻，一会儿。海门：江水汇入大海的地方。

译文

八月的涛声就像朝大地吼叫着而来，
数丈高的浪头触碰到山石又被撞回。
浪花片刻之间便退回来流向了大海，
卷起的一堆堆泥沙就像一座座雪堆。

诗的解读

我们在前面已经讨论过刘禹锡的一首《浪淘沙》了，那首诗写的是黄河。现在要讨论的这一首，写的是钱塘江。钱塘江大潮是著名的自然奇观。观潮，也是浙江百姓的一项传统习俗。每年钱塘江大潮，都有很多人前去围观。钱塘江，源头位于安徽，流经安徽、浙江两省，经杭州湾注入东海。

中秋节前后，是观看钱塘江潮水的最佳时机。阴历八月十八，是钱塘江潮水最盛大的时候。诗人正是在阴历八月来到钱塘江边，观看了钱塘江大潮之后，写下了这首诗。诗人说，“八月涛声吼地来”。八月里钱塘江的潮水发出的波涛声，就像朝着大地怒吼着而来的。可以想象一下这种壮观的场面。

浪花有多大呢？大到可以直接冲击到岸边的山石。第二句，“头高数丈触山回”。头高，就是最高处的浪花。头，有第一、最的意思，这里可以这样理解，也可以理解为浪头。丈，是长度计量单位。一丈等于十尺。换算下来，一丈就有三米多高。数丈，是虚指，意思就是很高。诗人也没有办法具体测量，只能大致地描述浪花非常高，高达数丈。

最高处的浪花触碰到岸边的山石之后，又被撞回来。这样激烈的碰撞，发出的声响有多么巨大，可想而知。浪花被撞回来之后会发生什么呢？第三句，“须臾却入海门去”。须臾，就是片刻、刹那、转瞬之间。海门，指的是江水汇入大海的入口处。浪花被山石撞回来之后，顷刻之间就流进了大海。

诗人将钱塘江大潮的声响、气势，描写得非常具体、到位。最后一句“卷起沙堆似雪堆”更是栩栩如生。诗人说，浪花卷起了钱塘江的泥沙，那些泥沙跟着浪花，一堆一堆地从江中翻涌出来，在阳光的照射下，发出白花花的水光，就像冬天里的一座座雪堆。如此壮阔的景观，有机会一定要去看看。

mǎ shī
马诗

táng lǐ hè
[唐] 李贺

dà mò shā rú xuě
大漠沙如雪，

yān shān yuè sì gōu
燕山月似钩。

hé dāng jīn luò nǎo
何当金络脑，

kuài zǒu tà qīng qiū
快走踏清秋。

注释

燕山：指燕然山，今蒙古国境内的杭爱山。钩：古代的一种兵器，形状似月牙。

何当：何时将要。金络脑：在古代用黄金装饰的马笼头，一种贵重的马具。

译文

大漠中滚滚沙尘飞扬如雪，
燕然山上一轮明月如弯钩。
骏马何时能戴上黄金笼头，
在爽朗的秋日里肆意驰骋？

诗的解读

李贺，字长吉，福昌（今河南宜阳西）人，唐朝中期的浪漫主义诗人。我们已经认识了“诗仙”李白、“诗圣”杜甫、“诗佛”王维和“诗狂”贺知章，如今我们遇到了被誉为“诗鬼”的李贺。他的诗充满奇幻的想象力，神仙精怪常是他笔下的素材。

这首《马诗》，朴实动人，读来朗朗上口。这首诗中，诗人通过描写边塞风景，对马的吟咏来表现自己对命运的感叹。大漠烟尘，飞扬如雪。燕然山上，明月如钩。此时，诗人的目光落在了马上。那一匹匹被风沙围困在大漠里的马。

第三句中的“金络脑”，是指用黄金装饰的马笼头。马笼头，就是一种套在马头上用来系缰绳的工具，一般用皮条或绳子做成。这种工具如果是用黄金做的，那么戴上它的马必定是贵族的好马。戴上了它，一匹好马才有机会展现自己，更好地发挥自己驰骋千里的本领。

那些马困在大漠里，什么也干不了。就像他自己，空有一身才华与满腔抱负，却不能实现自己的理想。因此，他才写出“何当金络脑，快走踏清秋”这两句诗，抒发自己内心的困惑。他说，这些困在大漠里的马什么时候才能戴上“金络脑”，在爽朗的秋日里肆意地驰骋呢？

这些话看似是他对这些马的期待，其实是诗人对自己怀才不遇的命运发出的感叹。他多么希望自己也能施展才华、报效国家。可惜，他的一生非常短暂，英年早逝。离世时，他的理想还没有实现。

cháng é

嫦娥

táng lǐ shāng yǐn

［唐］李商隐

yún mǔ píng fēng zhú yǐng shēn
云母屏风烛影深，

cháng hé jiàn luò xiǎo xīng chén
长河渐落晓星沉。

cháng é yīng huǐ tōu líng yào
嫦娥应悔偷灵药，

bì hǎi qīng tiān yè yè xīn
碧海青天夜夜心。

注释

嫦娥：古代神话中居住在月宫中的仙女。

云母：一种矿物，古代常用来装饰窗户、屏风等物。

长河：银河。晓星：晨星，启明星。

译文

烛光照着云母屏风，影子变得幽深暗沉，
银河轮廓逐渐消失，晨星的光渐渐下沉。
嫦娥应该早已后悔，当年自己偷吃灵药，
如今对着如海青天，夜夜煎熬孤寂的心。

诗的解读

李商隐，字义山，怀州河内（今河南沁阳）人，唐代大诗人。他和杜牧合称“小李杜”。李商隐写诗，追求唯美。他笔下的诗，优雅动人，广为传颂。这首诗，李商隐写的是中国古代神话中嫦娥的故事。诗人说，“云母屏风烛影深”。云母是一种矿物，古代常常用来装饰窗户、屏风。屏风就是古代人放在屋子里用来挡风或隔断视线的家具。

诗人想象着月宫里嫦娥身边的摆设。他说，云母屏风上影子颜色越来越深。这个影子是哪里来的呢？诗人说“烛影”，就是蜡烛的影子。蜡烛的光照在屏风上，形成了影子。也可以把这句话理解为，屏风挡住了蜡烛的光，只能看到蜡烛的影子。除此之外，银河也渐渐消失，晨星也慢慢下沉。

第二句，“长河渐落晓星沉”。长河，就是银河。晓星，说的是古人常说的“启明星”，就是现在我们所说的金星。天快亮的时候，金星总是天上最亮的那一颗，因此人们称为“启明星”。晚上，满天星星，让我们能感受到银河的存在。银河消失和启明星落下，都表示天亮了，一夜又过去了。

此时，诗人说，“嫦娥应悔偷灵药，碧海青天夜夜心”。嫦娥应该已经后悔当年自己偷偷吃了灵药，弄得如今只能一个人面对着碧海一样无边的青天，寂寞一夜一夜煎熬着她的心。平时，人们都会想到嫦娥是一个美丽的仙女。然而，很少有人像诗人一样，能想到她一个人在月宫，其实非常孤单。

qǐ qiǎo
乞巧

táng lín jié
［唐］林杰

qī xī jīn xiāo kàn bì xiāo
七夕今宵看碧霄，
qiān niú zhī nǚ dù hé qiáo
牵牛织女渡河桥。
jiā jiā qǐ qiǎo wàng qiū yuè
家家乞巧望秋月，
chuān jìn hóng sī jǐ wàn tiáo
穿尽红丝几万条。

注释

乞巧：向织女祈求一双巧手的意思。乞巧是在农历七月初七进行的一项民俗活动。

译文

七夕这天晚上仰望着碧蓝的天空，
牛郎织女正渡过银河在鹊桥相会。
家家户户都在一边观月一边穿针，
人们穿过的红线可能已有无数条。

诗的解读

林杰，字智周，福建福州人，唐代诗人。这首诗写的是七夕节。七夕节，又称女儿节、乞巧节等，每年阴历七月初七，是中国传统节日之一。这一天，又是中国古代神话中牛郎和织女在鹊桥相会的日子。因此，七夕节被赋予象征美好爱情的意义，成为中国人的“情人节”。

七夕这一天有很多民间习俗。比如，七夕观星、祈求姻缘、穿针乞巧等。只是遗憾，这些习俗如今已经被人们渐渐遗忘了。林杰的这首《乞巧》，写的便是七夕节“穿针乞巧”的习俗。穿针乞巧也叫“赛巧”，即女子比赛用线穿针，如果线穿过了针孔，就叫“得巧”。巧，就是智慧、灵巧的意思。

诗人说，“七夕今宵看碧霄，牵牛织女渡河桥”。这两句说的是“七夕观星”这个习俗。碧霄，就是碧蓝的天空。想必是刚刚进入夜晚，天空还有一层淡淡的蓝色。此时，星星已经闪烁起来。人们都在仰望天空，观看牵牛星和织女星。看着它们，就好像看到了牛郎和织女跨越银河在鹊桥相会。

说回乞巧，刚才讲到，乞巧是用线穿针来比赛。有的用彩线，大部分时候用的都是红线。一般是对着月光乞巧。

因此，诗人才说“家家乞巧望秋月，穿尽红丝几万条”。家家户户都在一边观赏初秋的月亮，一边借着月光穿针比赛。古代的七夕节，真是热闹。

跟着大诗人读通古诗词

杜甫的流浪

南熊 编著

走进大诗人
跌宕起伏的一生

读通小学古诗词
112首

化学工业出版社
·北京·

图书在版编目（CIP）数据

跟着大诗人 读通古诗词.杜甫的流浪/南熊编著. 一北京：化学工业出版社，2022.9

ISBN 978-7-122-41869-2

Ⅰ.①跟… Ⅱ.①南… Ⅲ.①古典诗歌-中国-小学-教学参考资料 Ⅳ.①G624.203

中国版本图书馆CIP数据核字（2022）第128615号

责任编辑：张 曼
责任校对：杜杏然
书籍设计：尹琳琳

出版发行：化学工业出版社
(北京市东城区青年湖南街13号 邮政编码100011)
印 装：中煤（北京）印务有限公司
787mm×1092mm 1/16 印张20 字数500千字
2023年5月北京第1版第1次印刷

购书咨询：010-64518888
售后服务：010-64518899
网 址：http://www.cip.com.cn
凡购买本书，如有缺损质量问题，本社销售中心负责调换。

定 价：139.00元（全5册）

目录

两个黄鹂鸣翠柳，一行白鹭上青天。窗含西岭千秋雪，门泊东吴万里船。

走进杜甫的一生

出身名门的少年

你知道成都有个名胜古迹叫“杜甫草堂”吗？南熊叔叔去过好几次，那里鸟语花香，有石山，有小池，有草地，有花圃，非常美丽。每次去杜甫草堂，就觉得自己距离杜甫好近。那里可是杜甫住过的地方呀！他就是在那里写下了很多流芳百世的诗。现在，我们一起去拜访大诗人杜甫吧！

公元712年，杜甫出生于河南巩县（今河南省巩义市），字子美，号少陵野老。他是杜氏家族的后人。这个杜氏家族很了不起。杜甫的远祖杜预是西晋时期的一位名将，他的祖父杜审言也是唐代诗人。

杜甫是名门之后。只是，到了杜甫这一代，杜家已经有些没落了。杜甫很小的时候，母亲就去世了。虽然父亲杜闲只是一个小官，但是他总是很忙。小杜甫一直寄养在姑母家里。

杜甫自小好学，记忆力超群。7岁，他就会作诗了。在姑母和父亲的共同照顾下，杜甫一点点长大，性格也变得开朗起来。

19岁，杜甫离家远行，出游郇瑕（今山西临猗一带晋国故地）。20岁，杜甫漫游吴越，历时数年。他喜欢江南水乡的温柔与浪漫，在那里待了四年。735年，杜甫回到家乡参加“乡贡”。次年在洛阳参加进士考试，结果没有考上。那时，他还年轻，不太在意。没有考上，他便继续旅行，漫游齐赵。

这次没考好，真的不怪他

743 年，杜甫离开了首阳山的家。小时候，他住在姑母家，已经看到过洛阳有多么气派和繁华。当时，洛阳被称为“东都”。为什么叫东都呢？因为长安在西边，叫西都。洛阳和长安在唐朝都当过都城。以前，杜甫是单纯的旅行。这次不同，他来洛阳是想谋求官职，出人头地。

744 年，杜甫遇见了自己崇拜已久的大诗人李白。当时，李白盛名在外。遇见李白之后，他们相约一起漫游梁宋（今河南省开封、商丘一带）。中途，还遇见了另外一位叫高适的诗人。

后来，高适去了江南，李白和杜甫也握手相别。李白走后，杜甫重新开始求官。虽然洛阳很繁华，在武则天时期曾是都城，但现在是唐玄宗时期了，都城是长安。因此，杜甫决定再去长安拼搏一番。长安的贵人更多，或许能给杜甫带来更多的机遇。在长安，杜甫一待就是十年。

747 年，身在长安的杜甫，第二次参加科举考试。可是，当时朝廷腐败。这次的科举考试，被当时的宰相李林甫操控，变成一场彻头彻尾的闹剧。李林甫编导了一场“野无遗贤”的闹剧，参加考试的士子全部落选，当然也包括杜甫。

这次没考上，真的不怪他。

倒霉的事情，还不止这一件。据说那年长安一直下雨，阴雨连绵，杜甫从小身体不好，落下病根。长时间的阴冷潮湿，导致杜甫大病一场，身体又开始像年少时一样虚弱。

聊到唐诗，大家第一时间会想到的诗人就是李白和杜甫。其实，还有一位大诗人王维，他的名气不小，才华同样出众。李白被誉为“诗仙”，杜甫被誉为“诗圣”，王维被誉为“诗佛”。而且，他们三个人生活在同一个时代。但在求官这条路上，三人命运各不相同。虽然李白也不顺利，但是他没有参加过科举考试。因此，不能拿来跟杜甫、王维一起比较。杜甫和王维两个人曾经有过短暂的“同事生涯”，然而二人的命运截然相反。杜甫一路坎坷，王维一帆风顺。王维出生于河东蒲州（今山西运城永济市），祖籍山西祁县。

虽然王维第一次参加考试落选了，但是他凭一首《九月九日忆山东兄弟》改变了命运。一首诗就让王维得到了几位王爷的青睐。除此之外，王维精通绘画、音乐。他经常收到邀请，去王爷们的府上做客。这样的待遇谁都比不了。后来，他也没有辜负王爷们的期待。

jiǔ yuè jiǔ rì yì shān dōng xiōng dì
九月九日忆山东兄弟

táng wáng wéi
[唐]王维

dú zài yì xiāng wéi yì kè
独在异乡为异客，

měi féng jiā jié bèi sī qīn
每逢佳节倍思亲。

yáo zhī xiōng dì dēng gāo chù
遥知兄弟登高处，

biàn chā zhū yú shǎo yì rén
遍插茱萸少一人。

注释

九月九日：指农历九月初九，即重阳节。

忆：想念，思念。山东：此处指华山以东地区。

异乡：别的地方。异客：在他乡的旅人。

倍：倍加，更加。

遥知：遥想。

茱萸：一种香气浓郁的植物，古人在重阳节有插戴茱萸的习俗。

译文

独自一人身在外地，变成了他乡的旅人，
每次遇到美好节日，会更加地思念亲人。
遥想家中的兄弟们，正在爬山登高祈福，
所有人分插茱萸时，就只少了我一个人。

诗的解读

王维，字摩诘，号摩诘居士。祖籍山西祁县。17 岁，他写下了这首流传千古的好诗。那时，王维刚离开家乡到达长安不久。这首诗的题目叫《九月九日忆山东兄弟》。这里说的是阴历九月九日。阴历九月九日是重阳节，是人们登高祈福的重要日子。

这样的日子，王维一个人在异乡打拼，肯定会思念家园。诗人说“独在异乡为异客，每逢佳节倍思亲”。一个人在他乡，成了一个外来的客人。平时还好，一到节日来临，就会加倍地思念亲人。家人在远方团聚，他却不在。

诗人说：“遥知兄弟登高处，遍插茱萸少一人。”重阳节，家里兄弟们都要出门登高。重阳节有很多风俗。比如，登高祈福、放风筝、赏菊花、戴茱萸等。出门之前，古人会在头上戴上茱萸，用来除灾辟邪。也可以在手臂上佩戴插着茱萸的布袋，这个布袋叫“茱萸囊”。

每年重阳节，诗人都会插戴茱萸跟兄弟们一起出门爬山。不过，这一年他在长安。遥想老家的兄弟们，可能正在爬山登高。出门之前，长辈们给所有人分发茱萸时，只有他缺席了。

这样的时候，换成谁都会难过的吧。

第二次参加科举考试，王维考中了进士。当时，除了王爷，玉真公主也在帮他。王维很快当了官。后来，他在京城做官，住的地方离京城很远。一个在终南山脚下，另一个在辋（wǎng）川山谷（今陕西省蓝田县西南）的别墅。在辋川别墅，他写下了著名的《鹿柴》。

lù zhài

鹿柴

táng wáng wéi

［唐］王维

kōng shān bú jiàn rén

空山不见人，

dàn wén rén yǔ xiǎng

但闻人语响。

fǎn yǐng rù shēn lín

返景入深林，

fù zhào qīng tái shàng

复照青苔上。

注释

鹿柴：辋川（位于陕西西安）的地名。柴，同“寨”，用树木围成的栅栏。

返景：返照的阳光。景，同“影”，日光。

译文

空荡荡的山中看不见人，
只能听到人说话的声音。
夕阳的光照进树林深处，
又照在潮湿的青苔之上。

诗的解读

唐玄宗天宝年间，王维买了一幢别墅。我们先说一下“天宝”两个字。天宝，是唐玄宗的其中一个年号。年号是一种纪年方法，起源于中国。每个皇帝都使用自己的年号，还常出现一个皇帝在位期间使用不同年号的情况。由于皇帝和年号不停更换，为了避免困惑，这套书里一直没有使用这个方法。

南熊叔叔在书中写到年份时，使用的都是用阿拉伯数字纪年的“公元纪年法”。公元纪年法是从西方国家流传过来的一种纪年方法。以耶稣出生的那一年开始计算。不过，有一点要记住，没有公元0年。耶稣出生的那一年，就叫“公元1年”。前面的一年，叫“公元前1年”。

公元纪年法简单好记。年号纪年法就很复杂，叙述起来显得眼花缭乱。不过，既然这里提到了，我们就讨论一下吧。举个例子，清代的康熙皇帝你肯定不陌生。其实，我们应该叫他“清圣祖”，这才跟“唐玄宗”性质一样。康熙就是清圣祖的年号。

按照公元纪年法来讲，康熙皇帝出生于1654年。由于出生时还是他的父亲清世祖在位，清世祖的年号是“顺治”。清世祖6岁即位，公元1644年就叫顺治元年。慢慢数下去，也可以说，康熙皇帝出生于顺治十一年。顺治十一年，就是1654年。

由于王维买别墅的准确年份无法得知，这里不得不使用“天宝年间”这个说法。天宝年间是在742年到756年之间。现在我们再说回王维的这首诗。“鹿柴”是辋川的地名。这个“柴”，在这里读“zhài”。

没错，音同山寨的“寨”。这里的“柴”，也是“寨”的意思，指的是用树木围成的栅栏。王维邀请了一位叫裴迪的好朋友来辋川游玩。两人每走到一个景点，就会各写一首诗。当时，裴迪也写了一首《鹿柴》，不过没有王维的这首《鹿柴》出名。

王维这首诗写的是傍晚时分的鹿柴。诗人说，“空山不见人，但闻人语响”，空荡荡的山里看不到一个人影，只能听到人说话的声音。没有人，哪来的声音呢？别忘了，还有诗人和他的朋友在啊。这声音，可能就是他们轻声说话的回音。此时，夕阳西下，温暖的阳光洒了下来。

于是，诗人就看到了树林里闪烁的光影。这首小诗看似不难，其实有需要注意的地方。尤其是“返景”中的“景”字要读成“影”。“返景”的意思是返照的阳光。“返景入深林，复照青苔上”，诗人看到夕阳的光从树木缝隙里照进了树林的深处，还照到阴暗处潮湿的青苔上。

想象一下，都觉得风景很美。

王维交朋友很严谨，不是谁都可以成为他的朋友。不过，一旦他认可一个人，就会真心对待。他写了不少送别友人的感人诗篇。比如《送元二使安西》。求取功名对杜甫来说非常艰难。再看王维不仅考中了进士，更有王爷和公主的帮忙。这么一比，杜甫真是命运坎坷。

sòng yuán èr shǐ ān xī
送元二使安西

táng wáng wéi
[唐]王维

wèi chéng zhāo yǔ yì qīng chén
渭城朝雨浥轻尘，
kè shè qīng qīng liǔ sè xīn
客舍青青柳色新。
quàn jūn gèng jìn yì bēi jiǔ
劝君更尽一杯酒，
xī chū yáng guān wú gù rén
西出阳关无故人。

注释

元二：作者的好友。使：出使。安西：指唐代安西都护府，辖境东起阿尔泰山西至咸海。

渭城：秦代咸阳城，汉代改称渭城，在陕西西安西北。浥：沾湿，湿润。

客舍：客栈，旅舍。

阳关：古关名，故址在今甘肃敦煌西南。

译文

渭城清晨的雨打湿了飘浮的尘埃，
旅店周围的柳树也分外翠绿清新。
请你再喝下一杯离别时候的美酒，
向西出了阳关就再见不到老友了。

诗的解读

我们这套书里讨论了好几首送别友人的诗。有李白的《黄鹤楼送孟浩然之广陵》和《赠汪伦》、高适的《别董大》和王昌龄的《芙蓉楼送辛渐》。现在我们来讨论一下王维的《送元二使安西》。元二，就是王维要送别的朋友。“使安西”，就是去安西的意思。安西，指的是安西都护府。

都护府是中原王朝为督察边境各民族而设置的军事机关。唐代天宝时有安西、安北、安东、安南、单于和北庭六大都护府。安西都护府下面还有四镇，即四个军队的驻扎地，执行都护府下达的命令。这四镇分别是龟兹、疏勒、于阗（tián）、碎叶。碎叶是跟大诗人李白身世有关的地方。

渭城是现在的陕西省咸阳市，距离唐代都城长安非常近。诗人在渭城的客栈送别了友人元二。这一天，还下着雨。送人离开的时候，最怕下雨，感觉老天都在为分离的人们伤心。因此，这首诗写得有些伤感。可见，王维跟元二的关系非常好。元二要走了，王维很舍不得。

这首诗，前两句写景色，后两句写情感。“渭城朝雨浥轻尘”，渭城清晨的雨打湿了城里的浮尘。浥，就是沾湿、湿润的意思。“客舍青青柳色新”，这句告诉了我们诗人和他的朋友正

在“客舍”进行最后的相聚。客舍，就是旅店、客栈的意思。旅店周围有很多柳树，下过雨后，显得更加翠绿清新。

他们在旅店做什么呢？没错，喝酒。古代文人大多爱喝酒。王维也不例外。不仅在喝酒，还越喝越想喝。诗人说，“劝君更尽一杯酒，西出阳关无故人”。他请元二再多喝一杯，不然向西出了阳关，就再也见不到老朋友了。阳关故址在现在的甘肃敦煌西南。诗人劝元二喝酒，是因为单纯地喜欢喝酒吗？

当然不是。诗人这么做，是因为这是他们最后一次一起喝酒了。分别之后，再没有机会了。因此，诗人才让朋友多喝一点儿。他是多么不舍啊，趁着两人在一起，想让朋友多喝上一杯酒。这首诗很感人，后来有人为它谱了曲子，曲名叫《阳关三叠》，也叫《渭城曲》。

走过苦难的日子，写下感人的诗

杜甫这一生，大半辈子都穷困潦倒。

最穷的时候，杜甫只能去排队买低价的救济粮，能吃饱已经很好了，哪里还谈得上丰盛和营养呢？有时，他还要自己上山采药去卖，换一点儿钱，维持基本的生活。饥寒交迫的日子里，杜甫深深了解了世间的苦难。这就是为什么杜甫的很多诗歌都饱含对黎民苍生的关怀。他能够感同身受，知道百姓的难处。

杜甫不像李白那样，有名气，朋友多。他只能靠自己慢慢寻找机会。虽然日子过得越来越穷，但是杜甫没有轻言放弃。直到奸臣李林甫去世，像杜甫一样为梦想努力的文人们才终于有机会进入官场，为自己谋求官职。杜甫也得到了一个机会，当了河西尉。

什么是河西尉？就是河西县的县尉。可是，杜甫拒绝了。为什么呢？难得有了一个机会，他却不愿意去。因为当地的县令腐败，县尉成了一个为虎作伥的官位，要跟着县令一起欺负、压榨百姓。杜甫不肯这样做。结果，朝廷就把他派去当右卫率府兵曹参军，一个掌管军用仓库钥匙、看守兵器的职位。

这个官已经小到像一个管家一样了。虽然钱很少，但是杜甫对得起自己的良心。家中妻子和孩子还在等着他这点儿微薄的收入活命。他省吃俭用，准备把所有省下来的钱带回家给妻子和孩子。可是，回到家的那一刻，杜甫崩溃了。因为，最小的儿子没有等到父亲回来，就已经饿死了。

杜甫的一生，何其凄惨！小时候，母亲早早去世。人到中年，最小的儿子又被活活饿死。没过多久，安史之乱爆发。小儿子饿死之后，杜甫在绝望之中带着妻子和其他子女一起加入了逃难的队伍，开始流浪。除了饥饿，他们还遭遇了洪水。

那时，杜甫写了很多忧国忧民的好诗。757 年，杜甫冒险逃出长安投奔肃宗，得到了左拾遗的官位。虽官衔不高，但位置重要。左拾遗可以见到皇帝，向皇帝谏言。如果皇帝有做得不好的地方，可以劝一劝，说一说意见。

就是这时，他和王维成了“同事”。

可是，杜甫这个人刚正不阿，总是说真话。有个成语叫“忠言逆耳”，意思是正直的劝告听起来并不顺耳。皇帝也不是一直都喜欢听真话的。最后，杜甫还是触怒了皇帝，被贬了官。这个左拾遗的官，杜甫没当多久就被降职了。

杜甫被贬去华州（今陕西省渭南市华州区），负责祭祀、礼乐、医疗、教育等事。杜甫心情十分苦闷。

无论他如何努力，都显得那样微不足道。最后，杜甫决定辞去官职，前往秦州（今甘肃天水一带）。759 年，杜甫带着家人重新开始流浪。他没有办法拯救天下百姓，可是他还能写诗。他要为天下百姓写诗，让所有人都知道天下百姓的困境。

成都有个“杜甫草堂”

就这样，杜甫一家几经辗转到了成都。那时候，成都很繁华。在成都，杜甫遇见了一个叫严武的人。严武是杜甫的恩人。杜家与严家是世交，长辈们就有交情。当时，严武任重要官职，虽然杜甫落难了，很贫穷，但是严武欣赏杜甫，总是会在各方面帮助他。

在严武的帮助下，杜甫来到成都的浣花溪边，盖了一座草堂。这就是后来著名的“杜甫草堂”。在这里，杜甫一边和妻子种地，一边写诗、写文卖钱，一家人过了几年平淡又安稳的日子。在这里，杜甫写下了著名的《春夜喜雨》《江畔独步寻花》等诗篇。

chūn yè xǐ yǔ

春夜喜雨

táng dù fǔ

[唐]杜甫

hǎo yǔ zhī shí jié，dāng chūn nǎi fā shēng。
好雨知时节，当春乃发生。
suí fēng qián rù yè，rùn wù xì wú shēng。
随风潜入夜，润物细无声。
yě jìng yún jù hēi，jiāng chuán huǒ dú míng。
野径云俱黑，江船火独明。
xiǎo kàn hóng shī chù，huā zhòng jǐn guān chéng。
晓看红湿处，花重锦官城。

注释

知：知道，察觉到。

发生：使植物萌发、生长。

潜：悄无声息地。

润物：滋润万物（生长）。

野径：田野间的小路。

红湿处：被雨水打湿的花丛。

花重：花朵因饱含雨水而沉甸甸的样子。锦官城：成都的别称。成都曾经是主持织锦的官员的官署所在地，因此叫“锦官城”。

译文

一场及时雨，仿佛知道顺应季节，
下在了春天，促使植物萌发生长。
它随着春风在夜里静悄悄地降临，
默默无声地滋润着大地上的万物。
野外小路和空中云朵都一片漆黑，
只有江上渔船里的灯火格外明亮。
天亮后去看那被雨水打湿的花丛，
正是沉甸甸的花开遍了锦官城吧。

诗的解读

经过漫长的流浪，杜甫终于来到成都定居，开始了生命里难得的安稳日子。写这首诗时，他已经在杜甫草堂住了一段时间了。每天种菜养花，过得简单安静。如果按照时间节令划分，人们一般会将这首诗划为二十四节气里的“雨水”时节的作品。

一场春雨落下来，天地间焕然一新。诗人用了拟人的手法写这场春雨。他说，“好雨知时节”，这场雨下得真及时，仿佛知道顺应时节，它刚刚好就下在春天万物萌发、生长的时候。“当春乃发生”里的“发生”，不是说发生了下雨这件事，而是植物萌发、生长的意思。

接下来，诗人写“随风潜入夜”。“潜”字最有趣，它说的是悄无声息地。就像一个人做好事，生怕别人知道一样，在夜晚随着春风悄悄地降落在人间。“润物细无声”，下雨的时候静悄悄，滋润万物生长也是无声无息的。在诗人眼中，这场雨就像一个做好事不留名的人。

还好这天晚上，诗人没有睡觉，在家中默默见证了这场春雨的到来。如果诗人没看到，他就不会写下“野径云俱黑，江船火独明”了。诗人看到了夜晚屋外的风景。野外的小路和天上的云朵全部漆黑一片。只有江中渔船上亮着灯，那灯火的光在黑夜里显得格外明亮。

最后两句，是诗人的想象。

他说，“晓看红湿处，花重锦官城”。锦官城，就是成都。为什么成都会有“锦官城”这个别称呢？成都盛产一种叫“锦”的丝织品。成都织锦的手工业特别发达。来自成都的锦，称为“蜀锦”，非常贵重。三国时期，就有专门的“锦官”负责管理蜀锦的生产，并开始筑起城墙，慢慢有了这座城。

因此，成都也叫“锦官城”。此时，诗人说，这场雨下过之后，明天早上去看那一片片被雨水打湿的花丛，就会发现沉甸甸的花已经开遍了整座城。“红湿处”，说的是被雨水打湿的花丛。“花重”是指沉甸甸的花。花，不是很轻吗？怎么会重呢？因为雨水浸湿了花，让花变重了呀。

jiāng pàn dú bù xún huā
江畔独步寻花

táng dù fǔ
[唐] 杜甫

huáng shī tǎ qián jiāng shuǐ dōng
黄师塔前江水东，
chūn guāng lǎn kùn yǐ wēi fēng
春光懒困倚微风。
táo huā yí cù kāi wú zhǔ
桃花一簇开无主，
kě ài shēn hóng ài qiǎn hóng
可爱深红爱浅红？

注释

黄师塔：一位姓黄的僧人的墓地。塔，这里指供奉僧人遗体的塔形建筑。江水东：江水向东流去。

懒困：疲倦困怠的样子。

无主：没有主人看管和照料。

可：到底，究竟。

译文

黄师塔前面的江水滚滚向东流去，
我带着困意依偎在和煦的春风里。
一簇簇没有主人的桃花正在盛开，
到底该爱深红还是浅红的桃花呢？

诗的解读

这首诗叫《江畔独步寻花》，意思就是，在江边一边独自散步一边赏花。定居在成都的杜甫草堂之后，大半生颠沛流离的杜甫有了难得的闲情逸致，可以出门赏花散步了。诗里出现了桃花，很明显这首诗写在春暖花开的时候。

诗人说，“黄师塔前江水东”，诗人来到了一座塔前，看到江水滚滚向东流淌着。黄师塔是一位姓黄的僧人死后供奉遗骨的塔。我们在李白那一册书中谈论孟浩然的《春晓》时，讲过“春困”。春天，人容易犯懒犯困。于是，诗人说，“春光懒困倚微风”。倚，就是倚靠，在这里形容诗人懒洋洋地沐浴在温柔的春风中。然而，他看到了桃花树。“桃花一簇开无主”，这些树

长在江边，虽然没有主人，但是枝头的一簇簇桃花依然美丽地盛开着。诗人看得眼花缭乱，既有深红色的，也有浅红色的，他都不知道该喜欢哪一种好了。

最后一句“可爱深红爱浅红”中“可爱”不能当作一个词语来理解。它跟我们平时说的“你长得好可爱”里的“可爱”完全不是一个意思。这里的“可爱”应该当成两个字，而不是一个词。可，是究竟、到底的意思。爱，是喜欢、喜爱的意思。诗人问自己，到底应该喜欢深红还是浅红的桃花呢？

一生大部分时间都活在苦难中的杜甫，难得有这样悠闲的日子。我们真该为他感到庆幸。如果他一辈子都没有过什么快乐的时光，那么也太遗憾了。还好，他去了成都。在成都，杜甫得到了在其他地方没有拥有过的安稳和平静。成都真是一个好地方。

764 年春天，漂泊在外将近两年的杜甫回到草堂。

这个时期，重新回到“杜甫草堂”的杜甫留下了绝妙好诗《绝句（两个黄鹂鸣翠柳）》和《绝句（迟日江山丽）》等。765 年四月，严武去世。严武的死，给杜甫造成了重大的打击。这个一直照顾自己一家的恩人走了，杜甫变得心灰意冷，他也不想再留在成都了。很快，杜甫带着家人又一次开始受苦受难的流浪。

jué jù

绝句

táng dù fǔ

［唐］杜甫

liǎng gè huáng lí míng cuì liǔ

两个黄鹂鸣翠柳，

yì háng bái lù shàng qīng tiān

一行白鹭上青天。

chuāng hán xī lǐng qiān qiū xuě

窗含西岭千秋雪，

mén bó dōng wú wàn lǐ chuán

门泊东吴万里船。

注释

青天：蓝天。

含：包容，容纳。西岭：成都西面的岷山，山顶积雪常年不化。

东吴：今长江下游江苏一带。

译文

两只黄鹂在翠绿的柳枝间鸣叫，
一行白鹭正在飞向湛蓝的天空。
从窗口看到岷山千年不化的雪，
门外停着来自东吴的万里航船。

诗的解读

住在成都的时候，是杜甫一生中最安稳的时光。这首诗是杜甫因为动乱离开一段时间又重新回到成都之后写的。对于杜甫来讲，成都的安稳生活算是失而复得。一样东西当你以为失去了结果又重新得到，那种喜悦的感受是非常宝贵和难得的。

杜甫写了很多描写美丽风景的诗。春天来了，到处鸟语花香。有黄鹂，有白鹭，有绿柳，有蓝天。诗的开头两句“两个黄鹂鸣翠柳，一行白鹭上青天”比较简单，说的就是有两只黄鹂在翠绿的柳树枝间鸣叫，还有一行白鹭飞向湛蓝的天空。

要注意，“青天”不是青色的天，而是蓝色的天。不过，青色本身就是介于绿色和蓝色之间的一种颜色。这时候，你可能会问了，不是说写的是春天吗？怎么后面的“窗含西岭千秋雪”里还有雪呢？这是因为诗人说的是山上的雪。海拔越高，气温越低。哪怕是春天，山顶的雪也是很难融化的。很多时候，只有山脚的雪才会融化。

这样的山，世界上有很多。

另外，诗人并不是在山脚看到的雪景，而是在自己家的窗户里看到的。这说明这座山离得很远，不然怎么可能从窗户里看到完整的雪山呢？四川有一座西岭雪山，那么诗人说的“西岭”是不是就是西岭雪山呢？其实，不是。这首诗里的“西岭”意思是西面的山岭，指的是四川的岷山。

最后，我们说一说“门泊东吴万里船”。门外停泊着不远万里从东吴来到这里的船。门外可以停船，说明诗人所在的地方在河边或者江边。东吴就是现在的江苏一带。当然了，“万里”只是形容距离很远，并不是说东吴距离成都刚好一万里远。

如果没有战争，说不定杜甫会在成都一直住下去。

jué jù
绝句

táng dù fǔ
[唐]杜甫

chí rì jiāng shān lì
迟日江山丽，
chūn fēng huā cǎo xiāng
春风花草香。
ní róng fēi yàn zǐ
泥融飞燕子，
shā nuǎn shuì yuān yāng
沙暖睡鸳鸯。

注释

迟日：春日。因春天日照时间变长，太阳落山渐晚，所以用迟日指代春日。
泥融：这里指春天到来，气温升高，泥土变得湿润。
沙暖：沙洲因阳光的照射而变得温暖。

译文

江山沐浴春光，多么秀丽，
春风吹过带来花草的芳香。
燕子衔着湿润的泥土飞来，
鸳鸯睡在温暖的沙洲之上。

诗的解读

前一首诗，杜甫写了黄鹂、白鹭。这一首诗，杜甫写了燕子、鸳鸯。“迟日江山丽”里的“迟日”是春日的意思。跟冬天比，春天的太阳光照时间更久，白天时间也就变长了。《诗经》里有一句“春日迟迟”，就是形容阳春季节气候宜人。从“春日迟迟”发展演变下来，文人们就常用“迟日”代表春天。

春天，江山秀丽，景色迷人。“春风花草香”这一句不难理解。春天百花盛开，春风一吹，自然而然就能把花草的香气吹到更远的地方。接下来，就是燕子和鸳鸯的故事了。要理解“泥融飞燕子”，我们就要知道燕子是怎么筑巢的。

燕子非常聪明。它们会用嘴巴一点一点衔泥巴，飞到有积水的地方，用嘴巴和泥，然后再一点一点衔住飞去它们想要筑巢安家的地方。筑巢时，它们还会衔来一些小树叶、小树枝、杂草之类的东西，让自己的泥巴房子变得更加结实。古代房子很多是木制的，燕子喜欢在木头房梁下面安家。

诗中“泥融飞燕子”一句，说明诗人看到了衔着泥巴飞来的燕子。“泥融”指泥土变得湿润。看样子，这些燕子是想住在诗人家的房梁下面，跟诗人做邻居啦。那么“沙暖睡鸳鸯”呢？鸳鸯喜欢睡在暖和的沙洲上。沙洲就是河流、湖泊中露出来的土地，一般都是泥沙堆积而成的。

对了，“鸳鸯”其实是两只鸟。雄鸟叫“鸳”，雌鸟叫“鸯”。它们常常成双成对地出现，后来人们就用“鸳鸯”统称它们。春暖花开的时候，一切都那么美好。山水秀丽，花草芬芳。燕子在筑巢，鸳鸯在睡觉。诗人呢？就在一边静静地看着这一切，然后大笔一挥，写了这首好诗被我们读到。

杜甫一家一路坐船，路过嘉州（今四川省乐山市）、戎州（今四川省宜宾市）、渝州（今重庆市）等地，孤舟千里，顺江而下。766年，他们来到了夔（kúi）州（今重庆市奉节县附近）。在夔州，杜甫住了两年。一家人自耕自种、养鸡采药，维持着简朴的生活。

此时，杜甫开始担心两个儿子以后的生计。一家人跟着自己吃尽苦头，两个儿子还没有出人头地。这么多年，很多亲戚都因杜甫贫穷而看不起他，对他不再理睬，反而有一些非亲非故的朋友愿意帮他。杜甫打算带着家人去潭州投奔朋友。

然而，潭州又发生了暴乱。杜甫这一生仿佛走到哪儿，灾难就会跟到哪儿。他只能带着一家人坐船逃往衡州（今湖南省衡阳市）。

没想到，船开到衡州附近的耒阳县，江水暴涨，小船摇摇晃晃无法上岸，一家人被饿了五天五夜没有饭吃。还好，耒阳县令派人送来食物。这时，杜甫已经病得站不起来了。然而，他自己没吃，全部留给了家人。他没有去关心自己的身体，把所有力气都用来照顾家人。

杜甫一生颠沛流离，居无定所。

当时，杜甫就想，结束流浪，回老家吧。可是，杜甫至死也没能回到故乡。当时，杜甫一家还没到达衡州，江水未退，船无法继续前行，只能转向岳阳方向。连续折腾下来，他的身体撑不住了。公元770年冬天，在一条漂流在江中的小船上，杜甫与世长辞。

这就是“诗圣”杜甫的一生。

诗词游乐场

月落乌啼霜满天，江枫渔火对愁眠。姑苏城外寒山寺，夜半钟声到客船。

chì lè gē

敕勒歌

běi cháo mín gē

北朝民歌

chì lè chuān, yīn shān xià,
敕勒川，阴山下，
tiān sì qióng lú, lǒng gài sì yě。
天似穹庐，笼盖四野。
tiān cāng cāng, yě máng máng,
天苍苍，野茫茫，
fēng chuī cǎo dī xiàn niú yáng。
风吹草低见牛羊。

注释

敕勒：古代北方少数民族之一。

川：指平原。

穹庐：圆顶的毡帐、毡篷。

见：同“现”，出现、露出。

译文

敕勒人的平原，就在阴山脚下，
天空就像毡帐的圆顶，笼罩四面八方的原野。
天色青蓝无边，原野辽阔空旷，
风吹过草原，草一歪，就露出了成群的牛羊。

诗的解读

和“汉乐府”一样，北朝民歌也是乐府诗歌的一种。北朝民歌是指中国南北朝时期北方人民口头创作的作品。那时候，生活在北方的鲜卑族和其他北方民族的人民创作出很多民歌。其中这些用汉语记录的作品，传入南朝后被乐府机关采集起来，被保存至今。这首《敕勒歌》就是最有名的一首北朝民歌。

这首诗用简单质朴的文字，生动地描写了北方大草原上的壮美风景。“敕勒川”就是敕勒族人民居住的草原。译文中可以直接沿用“敕勒川”三个字。不过，为了方便理解，这里就译成“敕勒人的平原”了。敕勒是中国古代北方的一个少数民族，也叫“铁勒族”。

阴山就是阴山山脉。阴山在今内蒙古自治区中部及河北省北部。东西走向。西起狼山、乌拉山，中为大青山、灰腾梁山，南为凉城山、桦山，东为大马群山。海拔1500～2400米。

敕勒族人民居住着的平原在阴山脚下。北方草原的天空看上去就像一顶帐篷的圆顶，笼罩着四面八方的原野。天色青蓝无边，原野辽阔空旷。一阵风吹过草原，草原上的草就会齐刷刷地向一边歪倒，非常整齐。这时，草变低了，露出了成群的牛羊，十分壮观。这样的景色，你也会喜欢吧。

yǒng é

咏鹅

táng luò bīn wáng

[唐]骆宾王

é é é

鹅，鹅，鹅，

qū xiàng xiàng tiān gē

曲项向天歌。

bái máo fú lǜ shuǐ

白毛浮绿水，

hóng zhǎng bō qīng bō

红掌拨清波。

注释

咏：指用诗、词来描绘或赞美。

拨：划动。

曲项：弯曲着脖子。

译文

鹅，鹅，鹅，

它们弯曲着脖子对着天空唱歌。

洁白的羽毛浮在碧绿的水面上，

红色的脚掌划动出清澈的水波。

诗的解读

骆宾王，字观光，婺（wù）州义乌人（今浙江义乌）。唐代初期最有名的大诗人之一，他与王勃、杨炯、卢照邻一起被称为“初唐四杰”。虽然骆宾王从小家里很穷，但是他是个小天才。这首《咏鹅》就是骆宾王小时候写的。小小年纪，骆宾王就写了一首流传千古的诗，真是厉害。

小时候，骆宾王住在义乌城北的一个村子里。村子外面有个池塘，叫“骆家塘”。每年春天，骆家塘风景如画。池边有柳树，池水清澈，水面上总有成群的鹅游来游去。有一天，家里来了客人。客人早就听说骆宾王很聪明，就问了几个问题考考他。结果，没有难倒骆宾王，他全部回答正确。

这时，客人就想出个高难度的题目。骆宾王跟着客人走到骆家塘的时候，客人说：“你能用这些鹅作一首诗吗？”骆宾王想了想，出口成章，就有了这首著名的《咏鹅》。咏，就是用诗、词来描绘或者赞美的意思。“鹅，鹅，鹅”，以叠字写白鹅的欢叫，“曲项向天歌”里的“曲项”是弯曲着脖子的意思。

你肯定见过鹅弯曲着脖子整理羽毛的样子吧？它们的脖子非常灵活。有时候，它们会弯着脖子的同时发出叫声。这时，诗人说，这是它们弯着脖子向天空唱歌啊！多么充满想象力。是啊，鹅的叫声一阵一阵，不就好像它们在练习唱歌吗？接下来，诗人开始描写它们的样子和动作。

诗的第三四句，读起来就能看到一幅五颜六色的画。有白色，有红色，还有绿色。“白毛浮绿水”，白色的羽毛浮在碧绿的水面上。“红掌拨清波”，红色的脚掌划出层层水波。鹅的脚掌真的是红色的吗？下次去动物园可以好好观察一下。

fēng
风

táng lǐ qiáo
［唐］李峤

jiě luò sān qiū yè
解落三秋叶，

néng kāi èr yuè huā
能开二月花。

guò jiāng qiān chǐ làng
过江千尺浪，

rù zhú wàn gān xié
入竹万竿斜。

注释

解：理解，懂得。三秋：指晚秋。　　二月：农历二月，指早春。

译文

它能吹落晚秋时候的树叶，
它能吹开早春时候的花朵。
刮过江面能掀起千尺巨浪，
吹进竹林能吹斜万竿翠竹。

诗的解读

李峤，字巨山，赵州赞皇（今属河北）人。他和苏轼的祖先苏味道、杜甫的祖父杜审言，还有崔融，一起被称为“文章四友”。

这首诗写的是风。你知道风是怎么形成的吗？简单来说，当太阳照在地面上，地面的温度会变高，然后地面上的空气因为温度变高而变轻，变轻了以后就会上升，一直上升直到遇见冷的空气。冷的空气流进了热的空气，上升的空气逐渐冷却变重而下降。空气就这样升升降降地流动了起来，形成了风。

风吹起来之后，会发生哪些自然景观呢？这首诗里就说了四种。

第一种，“解落三秋叶”，它会吹落晚秋的树叶。解，是理解、懂得的意思。风当然知道如何吹落树叶啦。三秋，就是秋天的第三个月。春、夏、秋、冬四个季节，每个季节是三个月。到了第三个月的秋天，就是晚秋了。

第二种，“能开二月花”。二月，是阴历二月，相当于阳历三月左右。正是春天刚刚到来的时候。春天一来，百花盛开。花开当然不是因为风。每个季节都有花开，就连冬天都有梅花盛开。不过，春天开的花最多。因此，诗人说，风也可以吹开二月的花朵。

第三种，“过江千尺浪”。一场大风吹过江面，能掀起滔天巨浪。千尺，形容浪花巨大。

第四种，“入竹万竿斜”，风吹入竹林之后，无数竹竿都会倾斜。万竿，也是一样的道理，形容竹竿数量多。说到这里，你可以继续想想，风还能创造出什么样的自然景观呢？

dēng guàn què lóu

登鹳雀楼

táng wáng zhī huàn

［唐］王之涣

bái rì yī shān jìn

白日依山尽，

huáng hé rù hǎi liú

黄河入海流。

yù qióng qiān lǐ mù

欲穷千里目，

gèng shàng yì céng lóu

更上一层楼。

注释

鹳雀楼：又名“鹳鹊楼”，始建于北周时期，位于山西永济蒲州古城西面的黄河东岸，因相传有鹳鹊（即鹳，一种水鸟）栖息其上而得名。

依：依傍。

穷：穷尽。目：眼睛。这里指目光、视线。

更：再。

译文

太阳依着山峦渐渐落下，
黄河向着大海滔滔奔流。
想要看到更远处的风景，
那就要再登上一层楼了。

诗的解读

王之涣，字季凌，绛州（今山西新绛县）人。他是唐朝首屈一指的大诗人，然而只保存下来了六首诗。这是非常遗憾的事情。我们讨论的这首《登鹳雀楼》是一首描写诗人旅途所见、所感的诗。这首诗的知名度和李白的《静夜思》不相上下。鹳雀楼位于山西省永济市的蒲州古城西面，有机会可以去看看。

如果唐诗有一个知名度排行榜，那么这首诗一定名列前茅。虽然诗的题目是《登鹳雀楼》，但是诗人并没有直接写鹳雀楼，而是写诗人登上鹳雀楼之后看到的风景。我们总说“太阳落山”，太阳慢慢消失在山脉的轮廓中是很常见的景象。“白日依山尽”，说的就是这件事。

白日，不是白天，在这里指太阳。尽，就是消失的意思。从远处看，太阳就像依傍着山一样。消失的时候，看起来也是从山的背后慢慢不见的。看完天空，诗人又看向河流。“黄河入海流”说的是黄河的水波涛滚滚，向东流入大海。鹳雀楼就在黄河边。此时，诗人的视野非常开阔。

可是，诗人还想再看得远一些。因此，诗人说，“欲穷千里目，更上一层楼”。想要看到更远处的风景，那就得再往上攀登一层楼了。千里目，不是千里眼的意思，不过可以理解为，想要像千里眼一样，看到更远处的风景。穷，就是穷尽的意思。

最后两句诗充满了哲理。想要看到更广阔的风景，就要登上更高处。勇于攀登，开拓进取，这正是盛唐时代风貌的真实写照。放到今天来看，我们想要把事情做到最好，就必须做到自己最努力的程度才可以。从小就要有这样的决心，无论做什么事情，都要用尽全力，把事情做得认真、仔细，做到最好。

liáng zhōu cí

凉州词

táng wáng zhī huàn

［唐］王之涣

huáng hé yuǎn shàng bái yún jiān

黄河远上白云间，

yí piàn gū chéng wàn rèn shān

一片孤城万仞山。

qiāng dí hé xū yuàn yáng liǔ

羌笛何须怨杨柳，

chūn fēng bú dù yù mén guān

春风不度玉门关。

注释

羌笛：古代羌族的一种乐器。何须：何必。怨：这里指吹奏哀怨的乐曲。

杨柳：指《折杨柳》，古代的一首曲子。度：通过，跨越。

译文

黄河远上天际，流到白云之间。

一座孤独的城，立在高山脚下。

何必用羌笛吹哀怨的《折杨柳》？

春风从来就吹不到玉门关一带。

诗的解读

凉州词是唐代在凉州这个地方传唱的乐曲名。凉州位于现在的甘肃武威。从题目里的“凉州”和诗中的“玉门关”我们知道，这是一首边塞诗。古代战争不断，诗人有感而发，写下了这首诗。

我们在李白那一册书中讨论过《黄鹤楼送孟浩然之广陵》，你还记得诗中那一句“唯见长江天际流”吗？长江水流到视线尽头，就像和天空连在了一起，流到天上去了一样。这首《凉州词》里的“黄河远上白云间”，也是相似的意思。只是，长江换成了黄河。黄河水流向远方，最后好像流到了白云之间。

诗人写完了黄河水，还要写山。这不，他说“一片孤城万仞山”，一座位于边塞的孤独的城耸立在万仞高山脚下。仞，就像我们使用的厘米、米、千米等一样，是一个长度计量单位。一仞大约超过两米，不到三米。

我们知道全世界最高的山峰珠穆朗玛峰，海拔8848.86米。可见，这里和之前说的一样，数字是虚指，不是真实数据。万仞在这里就是形容山非常高。孤城和万仞山形成强烈对比，渲染出戍守之地的地势险要。

第三句里的“羌笛”，是羌族的一种笛子。诗人说，“羌笛何须怨杨柳”，何必用羌笛来吹奏《折杨柳》这支哀怨的曲子呢？这里的“杨柳”不是柳树，而是特指《折杨柳》这支古代的曲子，它是一支很伤感的曲子。“柳”的读音和“留”相似。古人常将柳树和分别的心情联系在一起。

最后，诗人说“春风不度玉门关”。春天的风从来就吹不到玉门关一带。玉门关在今天的甘肃敦煌附近。

后两句写出了玉门关一带自然环境的严酷，正所谓“春风不度”；也表现出戍边将士的豪情：既然此地本就荒寒，又何必怨天尤人呢？全诗大气磅礴，将盛唐气象表现得淋漓尽致。

liáng zhōu cí
凉州词

táng wáng hàn
[唐]王翰

pú táo měi jiǔ yè guāng bēi
葡萄美酒夜光杯，

yù yǐn pí pā mǎ shàng cuī
欲饮琵琶马上催。

zuì wò shā chǎng jūn mò xiào
醉卧沙场君莫笑，

gǔ lái zhēng zhàn jǐ rén huí
古来征战几人回？

注释

凉州词：唐代曲名，起源于凉州（今甘肃武威）一带。

葡萄美酒：用葡萄酿造的美酒。夜光杯：用美玉制的酒杯，夜间能够发光。这里指精美的酒杯。

琵琶：一种由西域传入的乐器。

沙场：战场。

译文

用葡萄酿成的甘醇美酒，盛在精美的夜光杯之中。
正想饮酒时听到琵琶声，从马背上传来催人出发。
如果我醉倒在战场上了，请您千万不要笑话我啊。
自古以来出征的将士们，有几个人能够安全归来？

诗的解读

王翰，字子羽，并州晋阳（今山西太原）人，唐代著名的边塞诗人。可惜，他流传下来的作品也不多，被《全唐诗》收录的只有14首。这首诗跟上一首王之涣的一样，都是以《凉州词》为题目来写的。王之涣写的是天地之间玉门关的风景。王翰写的是军帐之内将士们的故事。两首诗加在一起，就是比较完整的边塞生活。

这首《凉州词》写的是将士们在军营中摆宴席一起吃饭喝酒的故事。“葡萄美酒夜光杯”，夜光杯里装着葡萄酿的美酒。夜光杯，说的是用玉做的酒杯，在夜晚可以发光。当然，在外征战的将士们不一定会真的使用夜光杯。不过，那天晚上，他们用的肯定是精美的酒杯。

那晚，军营里热闹非凡。这次晚宴也许是将领在犒劳辛苦的士兵们。不然，也不会都用精美的酒杯喝酒，而且还有演出助兴。诗人说，“欲饮琵琶马上催”。将士们正准备喝酒时，马背上就响起琵琶声，好像在催人出征。琵琶是一种西域传来的乐器。

到这里，诗里写的故事还很欢快、热闹。到了第三四句，却变得有点儿心酸。诗人说，“醉卧沙场君莫笑，古来征战几人回？”好像是有个将士在对我们说：“要是我醉倒在了战场上，你们千万不要笑话我啊，因为自古以来在外打仗的人，能有几个可以安全地回来呢？”

是啊，将士们开怀畅饮，直面战争的残酷和生命的脆弱，悲伤中更体现出一种豁达和豪迈的气概。

fēng qiáo yè bó

枫桥夜泊

táng zhāng jì

［唐］张继

yuè luò wū tí shuāng mǎn tiān

月落乌啼霜满天，

jiāng fēng yú huǒ duì chóu mián

江枫渔火对愁眠。

gū sū chéng wài hán shān sì

姑苏城外寒山寺，

yè bàn zhōng shēng dào kè chuán

夜半钟声到客船。

注释

枫桥：桥名，在江苏苏州西郊。泊：将船停靠在岸边。

乌：乌鸦。霜满天：这里用来形容夜间寒气从四面八方袭来的感觉。

渔火：渔船上的灯火。

姑苏：苏州的别称。寒山寺：枫桥附近的一座寺庙。

译文

月亮落下之后，乌鸦啼叫秋霜满天，

江边枫树、渔船灯火陪着难眠的人。

寒山寺就坐落在那姑苏城的外面，

半夜敲钟的声音响起，传进客船里。

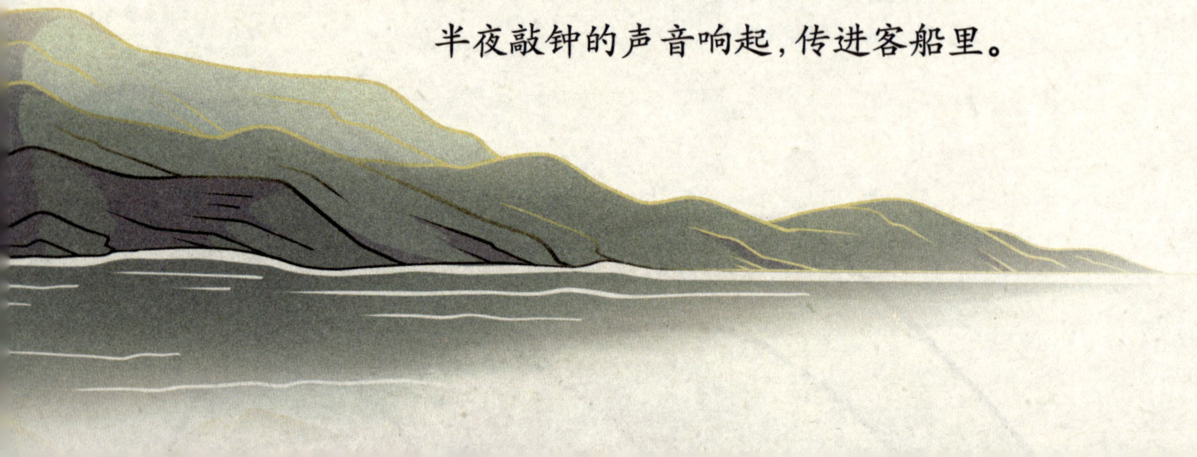

诗的解读

张继，字懿（yì）孙，襄州（今湖北襄阳）人。张继的这首《枫桥夜泊》广为人知。这首诗是写给苏州这座城的。苏州也因这首诗令许多旅人向往。当时，安史之乱爆发不久，京城长安的文人们纷纷逃到相对安定的江南。张继也离开长安，来到苏州避乱。在苏州的船上，他写下这首诗。

这是一个深秋的晚上，诗人心中满是愁绪，一直没有睡着。诗人说，“月落乌啼霜满天”，月亮都已经落下，诗人听到乌鸦啼叫，天也变得非常寒冷。“霜满天”是想告诉大家，夜里四面八方都是寒气，天很冷。

霜是指在气温降到0℃以下时，接近地面空气中所含的水汽在地面物体上凝结成的白色冰晶。因此，如果把“霜满天”解读成天上到处都是秋霜，其实不符合科学道理。不过，如果理解成诗人想要表达空气变得寒冷，漫天寒气，那就比较准确，也更加生动了。此时此刻，外面一片漆黑，只有“江枫渔火对愁眠”。

诗人只能看到渔船上的灯火，照着江边的枫树，陪着难眠的自己。“愁眠”两个字，足以告诉我们诗人心中的愁绪。可是即便如此，这首诗写得依然很美。半夜听到远方的钟声。“姑苏城外寒山寺，夜半钟声到客船”。客船里听到的钟声，是从姑苏城外的寒山寺传来的。

姑苏城就是苏州。苏州西南方有一座姑苏山，因此，苏州也被称作“姑苏城”。寒山寺建于南朝梁代，最初名为“妙利普明塔院”。古时候，寺庙有半夜敲钟的习俗。如此，诗人才能半夜听到。

yú gē zǐ
渔歌子

táng zhāng zhì hé
［唐］张志和

xī sài shān qián bái lù fēi
西塞山前白鹭飞，

táo huā liú shuǐ guì yú féi
桃花流水鳜鱼肥。

qīng ruò lì lǜ suō yī
青箬笠，绿蓑衣，

xié fēng xì yǔ bù xū guī
斜风细雨不须归。

注释

渔歌子：词牌名。

西塞山：位于浙江湖州。

桃花流水：桃花盛开春水上涨的时候，江水又被称为“桃花水”。鳜鱼：也称桂鱼，大口细鳞，肉质鲜美。

箬笠：用细竹的篾或叶编织的帽子。

译文

西塞山前面的白鹭，在自由自在地飞翔，
桃花盛开春水上涨，正是鳜鱼肥美之时。
渔翁头戴青色箬笠，身上披着绿色蓑衣，
冒着斜风细雨钓鱼，也不需要着急回家。

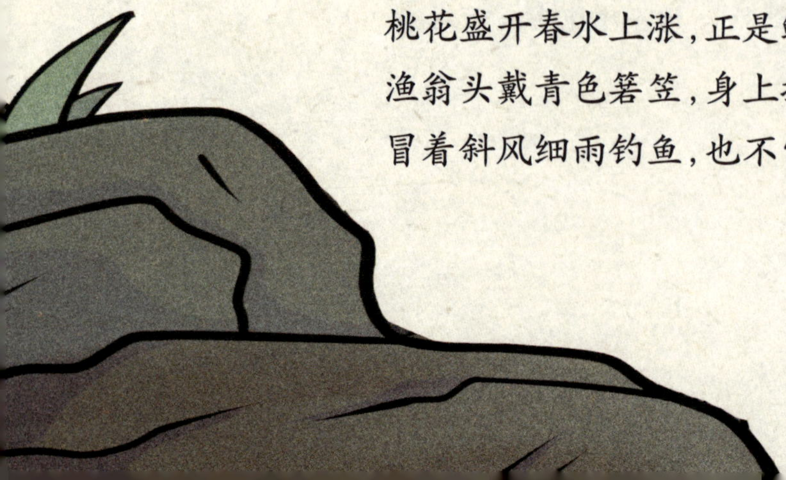

诗的解读

张志和，字子同，号玄真子，祖籍浙江金华。从读书到考官，他一帆风顺。只是，做官之后，经历了太多起起伏伏和人生变故，最后弃官而去，一个人浪迹江湖。

我们讨论了很多诗，现在来读一读词。最初的词，都是配着音乐来歌唱的。从用途上看，古代的词和现在的歌词，有些相似。

诗没有一个题目可以限制诗人的发挥。诗人可以取自己想取的题目。然而，词不一样。虽然词的题目各不相同，但是它有一个固定要写上的题目。这个必须写上的题目可以限制词的格式，叫“词牌”。当然，词人也可以取一个自己想要的题目，不过只能加在词牌的后面。词牌和词的内容不一定有关联。

渔歌子就是跟内容没有什么关系而表示格式的词牌。这首词描绘了江南春汛时期的美好风光。春天气候转暖，河流附近的积雪融化，河水解冻，外加春雨不断，引起河水上涨。这就叫春汛。

这首词里，有山有水。山叫“西塞山”，位于浙江湖州。“西塞山前白鹭飞”，就是说西塞山的前面有白鹭在飞。此时，江南处于春汛时期，“桃花流水鳜鱼肥”。不仅桃花盛开，而且是鳜鱼最肥美的时候。

由于鳜鱼肥美，就算天上正下着雨，也有人还在冒雨钓鱼。诗人说，“青箬笠，绿蓑衣，斜风细雨不须归”。箬是一种竹子。箬笠是用竹篾、箬叶编织的斗笠。蓑衣是用草编织的厚雨衣。为了雨中钓鱼，渔翁头上戴着青色的箬笠，身上穿着绿色的蓑衣，这样就不用着急回家了。

诵读篇

tiáo tiáo qiān niú xīng
迢迢牵牛星

yì míng
佚名

tiáo tiáo qiān niú xīng, jiǎo jiǎo hé hàn nǚ.
迢迢牵牛星，皎皎河汉女。
xiān xiān zhuó sù shǒu, zhá zhá nòng jī zhù.
纤纤擢素手，札札弄机杼。
zhōng rì bù chéng zhāng, qì tì líng rú yǔ.
终日不成章，泣涕零如雨。
hé hàn qīng qiě qiǎn, xiāng qù fù jǐ xǔ.
河汉清且浅，相去复几许。
yíng yíng yì shuǐ jiàn, mò mò bù dé yǔ.
盈盈一水间，脉脉不得语。

注释

迢迢牵牛星：选自《古诗十九首》，作者不详，写作年代大约在东汉末年。迢迢，遥远。

皎皎：明亮。河汉女：织女星。河汉，银河。

擢：伸出。

札札：拟声词，织布机发出的响声。

机杼：织布机。杼，梭子。

不成章：织不出整幅的布帛。章，有花纹的纺织品，这里指整幅的布帛。

去：距离。几许：多少。

间：间隔。

脉脉：默默地用眼神或行动表达情意。

译文

牵牛星和织女星相隔甚远，它们皎洁而明亮。
织女伸出白皙的双手，抚弄织布机札札作响。
一天织不出完整的布幅，泪水如雨水般落下。
银河看上去清清浅浅的，相距能有多么遥远。
隔着清澈晶莹的河水，只能在岸边含情凝望。

诗的解读

这首诗选自《古诗十九首》。这组诗大部分是在东汉时期写成的，由南朝梁代的皇子萧统选入了他主编的中国现存最早的诗文总集《昭明文选》。

这首《迢迢牵牛星》，说的是关于牛郎和织女的中国民间故事。

传说掌管一切的天帝有个孙女，她擅长织布，叫“织女”。每天她都会织布。织出的布就是天上的彩霞。可是，她觉得这样的生活枯燥无味，就偷偷跑到人间，嫁给了人间一个放牛的人，那个人就是“牛郎”。从此，两个人过上了男耕女织的平凡生活。天帝知道这件事后非常生气。

天帝不许织女和牛郎在一起，就派人把织女捉回天上。织女苦苦哀求，最后天帝只许他们每年阴历七月初七相见一次。可是，一个在天上，一个在人间，怎么见呢？喜鹊知道这件事后，非常感动。每年阴历七月初七，无数喜鹊都会飞来，用自己的身体给他们搭起了一座桥，让他们团聚。

这就是牛郎织女的故事。他们被银河分开在两岸。织女每天都要织布，却因对丈夫的思念而心不在焉。织布机札札地响着，可是一整天下来，织女也织不出一匹完整的布。她总是伤心地哭着，眼泪像雨一样从脸上落下来。她只能隔着银河，含情脉脉地远远看着另一边的牛郎，连句话也说不上。

chán
蝉

táng yú shì nán
[唐] 虞世南

chuí ruí yǐn qīng lù
垂緌饮清露，

liú xiǎng chū shū tóng
流响出疏桐。

jū gāo shēng zì yuǎn
居高声自远，

fēi shì jiè qiū fēng
非是藉秋风。

注释

緌：古代官帽下垂的部分，这里借指蝉头部长长的触须。饮清露：古人认为蝉以饮用露水维持生命，实际上它靠吸食植物的汁液维持生命。

流响：传出的声响，指蝉的鸣叫声。

疏桐：指高大的梧桐树。

居高：指栖息在高处。远：指声音传到很远的地方。

藉：凭借，依靠。

译文

垂着长长的触须，喝着清澈的露水，

高大的梧桐树里，传出清脆的叫声。

栖息在高的地方，声音自然传得远，

这声音传得很远，不是靠秋天的风。

诗的解读

虞世南，字伯施，越州余姚（今属浙江省）人。南北朝至隋唐时期书法家、文学家、诗人。他的作品里，这首《蝉》非常有名。这首诗，诗人想表达希望自己像蝉一样，身处高位，也要一直保持高洁的品行，这样才能流芳百世。

整首诗中，最生僻的字就是“緌”。它本来是指古代官员帽带打结之后垂下来的部分。在这首诗里，当然是个比喻。将蝉的触须比喻成“緌”。第一句“垂緌饮清露”是说，蝉这个小昆虫，垂着长长的触须，喝着清澈的露水。古人以为蝉是喝露水维持生命的。其实，蝉是靠吸食植物的汁液生存的。

第二句“流响出疏桐”。流响是指传出来的声响。疏桐，不是稀疏的梧桐树，而是高大的梧桐树。蝉的声音，从高大的梧桐树里传出来。在很远的地方都能听到蝉的声音。为什么呢？诗人说“居高声自远，非是藉秋风”。藉，读“jiè”，是凭借的意思。声音传得远，是因为蝉在树上，站在很高的地方，不是凭借着风吹到远处。

其实，跟其他的身份相比，虞世南更重要的身份是唐代大臣，追随唐太宗，一起打天下，位列唐太宗时期的“凌烟阁二十四功臣”之一。凌烟阁是唐太宗为表彰功臣而建造的殿阁。凌烟阁里有功臣们的画像。作为大臣，最后能够让自己的画像挂在凌烟阁，是非常了不起的荣誉。

niǎo míng jiàn

鸟鸣涧

táng wáng wéi

[唐]王维

rén xián guì huā luò

人闲桂花落，

yè jìng chūn shān kōng

夜静春山空。

yuè chū jīng shān niǎo

月出惊山鸟，

shí míng chūn jiàn zhōng

时鸣春涧中。

注释

鸟鸣涧：鸟在山涧中鸣叫。

时：不时。

春山：春天的山林。

译文

人们悠闲无事，桂花正在轻轻地飘落，

夜晚十分安静，春天的山谷寂静无声。

明月已经升起，月光惊动了山里的鸟，

鸟儿们时不时，在春天的山涧中啼叫。

诗的解读

这首诗的写作背景是，王维去了友人皇甫岳家做客。皇甫岳住在云溪别墅。这首诗，就是王维住在那里时写给朋友的。诗的题目叫《鸟鸣涧》。涧，山中流水的小水沟，也可以指小溪、山涧。题目的意思就是鸟儿在山涧中鸣叫。

这是一首描写景色的诗。诗中第二句、第四句都明确写了“春”字，就是告诉我们写的是春天的景色。可是，第一句说“人闲桂花落”。一般来说，桂花都是秋天才有的。有一种解读是，桂花有很多种。这首诗里，写的是春天开花的一种。另一种解读认为文艺创作不一定要照搬生活。

住在朋友的山间别墅，诗人过得非常舒适。他说，悠闲无事的时候，只有桂花在轻轻飘落。“夜静春山空”，夜晚十分安静，因为春天的山谷里空荡寂静，没有人打扰。只有月亮升起之后，月光会惊动山中的鸟。鸟儿时不时地在春天的山涧中啼叫。这就是“月出惊山鸟，时鸣春涧中”的意思。

和大自然亲近的时候，人会变得安宁。

shān jū qiū míng

山居秋暝

táng wáng wéi

［唐］王维

kōng shān xīn yǔ hòu，tiān qì wǎn lái qiū。

空山新雨后，天气晚来秋。

míng yuè sōng jiān zhào，qīng quán shí shàng liú。

明月松间照，清泉石上流。

zhú xuān guī huàn nǚ，lián dòng xià yú zhōu。

竹喧归浣女，莲动下渔舟。

suí yì chūn fāng xiē，wáng sūn zì kě liú。

随意春芳歇，王孙自可留。

注释

暝：日落时分，天色将晚。

浣女：洗衣的女子。

春芳：春天花草的香气。歇：尽，消失。

王孙：原指贵族子弟，此处指诗人自己。

译文

一场雨后山林空静，秋天傍晚天气凉爽。

明月照在松林之间，清泉在石头上流淌。

浣女归来竹林喧闹，渔船游过莲叶摇动。

春日芬芳任它消散，秋天山中我自能留。

诗的解读

在写山水的诗里，王维的这首《山居秋暝》首屈一指。这首诗描写了秋天时诗人住在山中的见闻和感受。“空山新雨后”，诗人所在的这座山里，刚刚下过一场雨。题目中的“暝”，是日落时分，天色将晚。

这时候，太阳落下，月亮升起。“明月松间照”，明亮的月光照在山里的松林中。山里还有泉水，“清泉石上流”，清澈的泉水在石头上流淌着。

忽然，竹林深处传来了声音，打破了山里原本的安静。诗人说，“竹喧归浣女”。浣，是洗衣服的意思。浣女，就是洗衣服的女子。原来是洗衣服的姑娘们回来了，路过竹林，嘻嘻哈哈，发出了喧闹的声响。河边还有小小的渔船经过。“莲动下渔舟”，渔船经过时，莲叶四处摇动。

诗的前六句写景，最后两句“随意春芳歇，王孙自可留”写诗人的感受。歇，是消失、消散的意思。王孙，本来说的是贵族子弟，这里指诗人自己。这两句的意思就是，春天花草的香气，任它消散吧，而诗人可以留在这秋天的山里。

这首诗，诗人不是单纯地描写山里的景色。诗人是想说官场的那些荣华富贵，就像春天的芬芳一样，让它随风而去吧，诗人已经厌倦了朝廷的生活，想要归隐山林了。

wén guān jūn shōu hé nán hé běi

闻官军收河南河北

táng dù fǔ

[唐] 杜甫

jiàn wài hū chuán shōu jì běi

剑外忽传收蓟北，

chū wén tì lèi mǎn yī cháng

初闻涕泪满衣裳。

què kàn qī zǐ chóu hé zài

却看妻子愁何在，

màn juǎn shī shū xǐ yù kuáng

漫卷诗书喜欲狂。

bái rì fàng gē xū zòng jiǔ

白日放歌须纵酒，

qīng chūn zuò bàn hǎo huán xiāng

青春作伴好还乡。

jí cóng bā xiá chuān wū xiá

即从巴峡穿巫峡，

biàn xià xiāng yáng xiàng luò yáng

便下襄阳向洛阳。

注释

闻：听说。官军：朝廷的军队。

剑外：剑阁以南，今四川。蓟北：今河北北部，是安史之乱时期叛军的根据地。

涕泪：眼泪。

却看：回头看。妻子：妻子和孩子。

漫卷：胡乱卷起。

白日：阳光照耀。须：应当。纵酒：开怀畅饮。

青春：指春天。

巴峡：今重庆一带江峡的总称。巫峡：长江三峡之一。

便：就。

译文

剑南之地忽然传来收复蓟北的消息，
刚听到时我流下了眼泪，打湿了衣裳。
回头看妻子和孩子哪里还有愁容啊？
胡乱地卷起了诗书，欢喜得要发狂。
阳光明朗的日子放声高歌、开怀饮酒，
再和青翠的春天作伴一起返回故乡。
我这就起身出发穿越巴峡向巫峡去，
再经过襄阳然后奔向洛阳回到家乡。

诗的解读

读完杜甫的故事，你对他已经有了一定的了解。战争让杜甫流浪了大半辈子，让他们一家的生活穷困潦倒。762年，朝廷的军队在洛阳附近打败了叛军。763年，安史之乱结束。听闻打胜仗的消息，杜甫狂喜之下写下此诗。

当时，杜甫结束了自己在成都的生活，因为战乱，中途去了梓州避险。杜甫听到远方的军队赢得战争胜利的消息后写下此诗。诗人说，“剑外忽传收蓟北”。剑外，就是今天的四川一带。蓟北，就是今天的河北北部。朝廷打赢叛军，收复蓟北的消息，忽然传到了四川。于是，“初闻涕泪满衣裳”。

诗人刚听到这个好消息时，激动地流下了泪水，泪水多到打湿了衣裳。这个消息带来的喜悦，除了诗人，他的家人也感受到了。一直以来，一家人生活得都很艰苦。此时，诗人说“却看妻子愁何在”。“却看”是一个词语，就是回头看。回头看妻子和孩子，脸上的愁容不见了。

这句诗里的“愁何在”，是说愁容哪里还存在呢？意思就是，听到这个好消息之后，妻子和孩子都很高兴，以前那些忧愁的神情都消失了。这里，“妻子”是分开的两个字。妻是老婆，子是孩子。这首诗里的“妻子”说的是妻子和孩子。接下来，诗人开始收拾东西了。听到这个好消息，诗人说“漫卷诗书喜欲狂”。把诗书胡乱地卷起来，高兴得要发狂。

正是因为诗人太高兴了，高兴得要发狂，才没有心思仔细地整理自己的诗书，只想随便收拾一下，赶紧出发。出发去哪儿？诗人马上就会回答：“白日放歌须纵酒，青春作伴好还乡”。原来，诗人是想庆祝。不仅要放声唱歌，还应该开怀饮酒来庆祝。庆祝完了，他想“还乡”——回家乡。

你可能会问这里的“青春”是说一个人的青年时光吗？不是。在这里，青春是春天的意思。因为春天遍地都是绿草，感觉春天是草一样的青色，所以古人常用“青春”指代春天。诗人是说，在青翠的春天的陪伴下一家人返回家乡。读完杜甫的故事，还记得他的家在哪里吗？

没错，是河南。

这里说的，不是杜甫的出生地巩县，而是他后来和家人定居的洛阳。此时，杜甫一家人在四川，怎么去洛阳呢？诗人告诉了我们从四川到洛阳的路。“即从巴峡穿巫峡，便下襄阳向洛阳”。这两句里的“即”和“便”都是“就”的意思。下，是到哪儿去。从巴峡出发，穿过巫峡，到襄阳之后，再转道就能回到家乡洛阳了。

可是，我们知道，杜甫没能回得去。后来，他离开梓州，又回到成都。最后，杜甫在一条准备去往家乡的小船上去世。他最终没能回到自己的家乡洛阳。杜甫的一生，让人心疼。

hán shí
寒食

táng hán hóng
[唐]韩翃

chūn chéng wú chù bù fēi huā
春城无处不飞花，

hán shí dōng fēng yù liǔ xié
寒食东风御柳斜。

rì mù hàn gōng chuán là zhú
日暮汉宫传蜡烛，

qīng yān sàn rù wǔ hóu jiā
轻烟散入五侯家。

注释

寒食：寒食节，在清明节前的一两天。当天，禁止烟火，只吃冷食。

春城：春天的长安城。花：这里指柳絮。

御柳：皇城里的柳树。

汉宫：借指唐朝的皇宫。传蜡烛：虽然寒食节禁火，但是皇帝会赏赐蜡烛给宠臣，受到赏赐的人可以点火。

五侯：这里泛指权贵豪门。

译文

暮春时的长安城里到处飞舞着柳絮，

寒食节的东风吹拂着皇宫里的柳树。

黄昏时从皇宫里传送出御赐的蜡烛，

王公贵族的家里随之升起袅袅青烟。

诗的解读

韩翃，字君平，南阳（今河南南阳）人。他原本官路也不太顺利，结果凭借这首《寒食》而被当朝皇帝赏识，而被提拔为中书舍人。

这首诗的题目叫《寒食》。寒食节是一个中国传统节日。因为时间在清明节前一两天，时间非常靠近，所以这个节日现在已经被人们慢慢遗忘了。这一天，有些风俗也跟清明节一样，比如祭祀、扫墓。不过，它也有自己特别的风俗，最重要的一个就是禁烟火。

从名称就能看出来，这个节日跟寒冷的食物有关。不过，韩翃的这首诗里，写了长安城里的另一番景象。此时，已经是暮春时节。暮春就是春天的尾声了。此时，“春城无处不飞花”，整个长安城里飞舞着柳絮。这里的“飞花”，不是飞舞的花朵，而是指柳絮。

诗的第二句“寒食东风御柳斜”，是说寒食节那天的东风把皇宫里的柳絮吹得摇摇晃晃。古诗词里的“东风”一般指春风，这里的“东风”也是如此。谈论跟皇帝有关的事情、事物，要使用“御”字。比如，皇帝的赏赐叫“御赐”，皇帝的笔叫“御笔”，皇城里的柳树叫“御柳”等。

马上就会遇到“御赐”的故事了。这不，诗人说“日暮汉宫传蜡烛”。汉宫，很容易理解，指汉代的皇宫。可是，诗人写的是唐代。因此，在这首诗里“汉宫”就是指代唐代的皇宫。日暮，就是太阳落山的傍晚。此时，由于寒食节不能用火，皇帝便在皇宫里赏赐蜡烛给一些大臣们。

因此，诗人说“轻烟散入五侯家”。五侯，本来说的是汉代特别受到皇帝重视的五个王侯。在这首诗里，说的是跟皇帝亲近并且能得到御赐蜡烛的王公贵族。得到赏赐的人才能点火。这是皇帝给他们的特权。因此，他们会将蜡烛带回家点燃，燃起的袅袅青烟就会从他们的家里慢慢升起。

shí wǔ yè wàng yuè

十五夜望月

táng wáng jiàn

[唐]王建

zhōng tíng dì bái shù qī yā

中庭地白树栖鸦，

lěng lù wú shēng shī guì huā

冷露无声湿桂花。

jīn yè yuè míng rén jìn wàng

今夜月明人尽望，

bù zhī qiū sī luò shuí jiā

不知秋思落谁家？

注释

十五夜：农历八月十五中秋节的夜晚。中庭：庭院中。地白：月光照在庭院地上的样子。冷露：秋天冰冷的露水。湿：打湿。

译文

庭院地上一片银白，树枝上栖息着乌鸦，

秋天里冰冷的露水，默默地打湿了桂花。

今夜月光十分明亮，人们都在抬头仰望，

不知道秋日的思绪，到了什么人的家里。

诗的解读

王建，字仲初，颍（yǐng）川（今河南许昌）人，唐代诗人。参过军，当过官。这首《十五夜望月》是王建的诗作名篇。这首诗写的是中秋节时诗人的感悟。中秋节，每年阴历八月十五。中秋节与春节、清明节、端午节并称为中国四大传统节日。中秋节还有很多别名，比如，拜月节、月娘节、团圆节等。

中秋节历史悠久，汉代时就普及了。中秋节是月圆之夜，这一天是中国人家人团圆的重要日子。如今，中秋节有很多习俗。一家人聚在一起，赏月、吃月饼、赏桂花、喝桂花酒。有的地方，还会扎灯笼、玩花灯、舞火龙等。可是，写下此诗时，诗人的心情似乎有些低落。

他说，“中庭地白树栖鸦”。中庭，就是庭院。月光洒到庭院里，让庭院的地面呈现出一片白色。院子里的树上还栖息着乌鸦。白色的月光、黑色的乌鸦，风景有些凄凉。接下来，诗人说，“冷露无声湿桂花”。冷露，是秋天冰冷的露水。这些露水悄无声息地打湿了院子里的桂花。

诗人笔下的景色，都是安静的、冰冷的，与中秋节原本应该热热闹闹的景象不太一样。他说，“今夜月明人尽望”。今夜皓月当空，所有人都在抬着头仰望。可是，诗人心中产生了一个疑问。他说，“不知秋思落谁家”。秋思，就是秋天的思绪。秋天的思绪有什么特别的吗？

秋天，花朵枯萎，树叶变黄。到了中秋节的时候，有的人可以和家人团圆，有的人却还是孤身一人。不是所有人都能一家团聚。这时，那些孤独的人心里产生的思绪，最令人心疼。诗人说的就是这样的思绪会落到谁的家里？他关心的是，那些没能在中秋节跟家人相聚的人。

跟着大诗人读通古诗词

陆游的放逐

南熊 编著

走进大诗人
跌宕起伏的一生

读通小学古诗词
112首

化学工业出版社
·北京·

图书在版编目（CIP）数据

跟着大诗人 读通古诗词.陆游的放逐/南熊编著. 一北京：化学工业出版社，2022.9
ISBN 978-7-122-41869-2

Ⅰ.①跟… Ⅱ.①南… Ⅲ.①古典诗歌-中国-小学-教学参考资料 Ⅳ.①G624.203

中国版本图书馆CIP数据核字（2022）第128612号

责任编辑：张 曼
责任校对：杜杏然
书籍设计：尹琳琳

出版发行：化学工业出版社
(北京市东城区青年湖南街13号 邮政编码100011)
印 装：中煤（北京）印务有限公司
787mm×1092mm 1/16 印张20 字数500千字
2023年5月北京第1版第1次印刷

购书咨询：010-64518888
售后服务：010-64518899
网 址：http://www.cip.com.cn
凡购买本书，如有缺损质量问题，本社销售中心负责调换。

定 价：139.00元（全5册）

走进陆游的一生 1

诗词游乐场 31

必背篇 32

诵读篇 44

三万里河东入海，
五千仞岳上摩天。
遗民泪尽胡尘里，
南望王师又一年。

走进陆游的一生

出生在船上的孩子

拜访完唐代和北宋，现在我们去南宋看一看。

在南宋文人里，你一定要知道的一位大诗人就是陆游。很多人觉得李白是最厉害的大诗人之一。那么，如果一个人被别人称为“小李白”，大概说明这个人写诗也很厉害。没错，陆游就是传说中的“小李白”。现在，我们一起去拜访大诗人陆游。

首先我们要说，宋代分为北宋和南宋。这是为什么呢？公元 960 年，赵匡胤（宋太祖）代后周称帝，国号“宋”，定都开封（今河南开封），史称北宋。靖康元年年末（1127 年）金兵攻入开封，俘虏徽、钦二宗，当年康王赵构（宋高宗）在南京（今河南商丘市南）称帝，后建都临安（今浙江杭州），史称为“南宋”。

这里要提到一个人，名叫陆宰。他是朝廷负责京西路的转运副使。1125年，陆宰奉诏入朝，由水路进京，于淮河舟上喜得第三子，取名陆游。同年冬天，金兵南下，并于1127年攻破东京（今开封），北宋灭亡。陆宰携家眷逃回老家山阴（今浙江省绍兴市）。陆宰在山阴城南重新盖了房子。陆宰有一个爱好，就是藏书。家里的藏书很多，远近闻名。陆游在书香中慢慢长大。

陆游，字务观，号放翁。陆游4岁时，陆家搬去了东阳（今浙江省金华市）。在东阳，陆家才算真正地安定下来。陆游从小学剑。陆游一生中，常带在身边的最重要的两件东西，就是一支笔和一柄剑。

他和李白一样，是真正的文武双全。另外，陆游的视力极好，射箭技术高超。陆游出生于两宋之交，成长于南宋，国家的不幸、家庭的流离，给他幼小的心灵留下了不可磨灭的印记。陆游深受父亲爱国思想的熏陶，耳濡目染之中，陆游有了当兵的梦想，从小就想征战沙场。读书、练剑，两不耽误。

12岁时，陆游就会作诗了。

考了第一名，竟然被淘汰

陆游自幼好学，十七八岁时便以诗闻名。

他能成为南宋著名的大诗人，跟他的老师也有很大的关系。年轻时，陆游认识了大诗人曾几。那时，曾几住在上饶的一座茶山上。陆游经常去拜访，向曾几请教。后来，在陆游的再三恳求之下，曾几收了陆游当学生。陆游跟着曾几学写诗，一日比一日有长进。

sān qú dào zhōng

三衢道中

sòng zēng jī

[宋]曾几

méi zǐ huáng shí rì rì qíng

梅子黄时日日晴，

xiǎo xī fàn jìn què shān xíng

小溪泛尽却山行。

lǜ yīn bù jiǎn lái shí lù

绿阴不减来时路，

tiān dé huáng lí sì wǔ shēng

添得黄鹂四五声。

注释

三衢道中：去三衢的路上。三衢，地名，今浙江衢州，因境内有三衢山而得名。

梅子黄时：梅子成熟的时候，指初夏时节。

却：又，再。

译文

梅子变黄成熟之时，竟然每天都是晴天，
泛舟到小溪尽头处，再改成走山路前行。
山上绿树枝繁叶茂，和来时一样的浓密，
还增添了黄鹂叫声，能听得到几声鸣啼。

诗的解读

曾几，字吉甫，号茶山居士。其先赣州（今江西赣县）人，后来迁居河南府（今河南洛阳）。南宋时期“江西诗派”的著名诗人。他和李白一样，喜欢旅行。这首诗叫《三衢道中》，意思就是去三衢山的路上，是诗人游览浙江的三衢山时写的。三衢山位于今天浙江衢州常山县城北约10公里处。写这首诗的时间应该是初夏。

为什么呢？第一句诗能给我们这首诗写作时间的答案。“梅子黄时”就是初夏。梅子是什么？它是一种长在树上的水果。本来是青色的，成熟的时候才会变黄。话梅就是梅子做的。梅子还能用来做什么？它还能酿酒。

一般来说，梅子成熟的时间，会经常下雨。这时候的雨我们叫它“梅雨”。不过，诗人运气很好。他去三衢山的时候，虽然是梅雨时

期，但是天气晴朗，没有下雨。诗人坐着一条小船，去往三衢山。走到头之后，他就要上岸开始爬山了。“小溪泛尽却山行”说的就是这个意思。

“小溪泛尽”就是在小溪中泛舟，一直泛舟到小溪尽头。“尽”在这里是尽头的意思。“却山行”中的“却”，是“又、再”的意思。我们现在也经常用这个字，多表示转折。坐船坐到小溪尽头，再改成“山行”，就是走山路。走山路，多半是要爬山的。

爬山时，诗人发现山上绿树成荫，还有黄鹂声声鸣啼。“绿阴不减来时路”，树木茂密的程度一点儿没有减少，跟来的时候相比。不是正要去三衢山吗？这个“来”是什么时候来的呢？南熊叔叔认为，有两种情况。第一种，是前两句写去的时候，后两句写游玩之后回来的事情；第二种，是这个“来”写的是曾经来的时候，说明诗人可能来过不止一次了。

宋代形成了文学流派“江西诗派”，为江西诗人黄庭坚所开创。这是中国文学历史上第一个有正式名称的诗文派别。江西诗派的诗人们，多数学习杜甫，致力于向杜甫学习。曾几就是江西诗派里很有名的一位。

1153年，陆游到临安应进士试。陆游被推举为第一名。当时，朝廷中一个叫秦桧的奸臣，手握大权。秦桧的孙子也参加了考试，结果名次在陆游后面。这让秦桧勃然大怒。他直接下令不准录取陆游。

一个考了第一名的陆游，竟然莫名其妙地被淘汰了。

有才华的人，总会发光的。秦桧死后，陆游去了福州，担任宁德县主簿。主簿是一个掌管文书的小官，帮县令写写东西，帮衙门保存文件。虽然官很小，但是陆游很认真。很快，陆游被调到京城临安担任敕令所删定官，官位依然不高，陆游依然用心。

后来，陆游升为大理寺司直兼宗正簿，负责司法工作。跟以前相比，陆游的官职变得重要一些了。1162年，宋高宗退位，宋孝宗登基。陆游出任枢密院编修官，位置已经十分重要。

北方的金国灭亡北宋以后，对南宋领土同样虎视眈眈。金军和宋军长期在边界对峙。南宋朝廷怯懦，任人凌辱，只想求和。陆游一直都主张宁死不屈、反抗敌人。没做官时，陆游没有施展抱负的空间。当官之后，不管官位大小，陆游总是忍不住表达自己的主张。他的想法跟朝廷的软弱是矛盾的。

不久，陆游就得罪了朝廷，被贬了官。

既是诗人，也是战士

陆游一路被贬到了隆兴府（今江西省南昌市）通判。结果，又有人向皇帝“打小报告”，说陆游“结交谏官、鼓唱是非”，力说张浚用兵。最后，陆游直接被朝廷罢免了官职。陆游心中充满愤怒和遗憾。他离开了官场，回到了家乡。回到山阴，陆游在乡下盖了房子。一住就是四年。

这段时间，陆游的生活平淡、安静。陆游很欣赏陶渊明。陶渊明是田园诗派的创始人，东晋文学家、诗人。他也当过官，四十多岁归隐田园。在家乡躬耕隐居，过着与世无争的生活。他的生活方式影响了后世的很多文人。

陆游也是其中之一。刚好，陆游也是在相似的年纪离开了朝廷，过起了乡村生活。后来，朝廷征召已赋闲四年的陆游，任夔州通判。夔州距离金军和宋军对峙的前线，已经不远了。一个叫王炎的大臣十分欣赏陆游。他正在南郑（今属陕西省汉中市）的军队驻扎之处，时刻准备对抗金军。王炎召陆游去南郑，担任自己部队的参谋，一起制订作战计划。

一直以来，陆游都想浴血杀敌。在军队中，陆游经常练习射箭，可以百步穿杨。据说，陆游曾经杀死过一只老虎，非常厉害。陆游一直为奔赴战场做着充分的准备。可是，朝廷一直没有下达出战的命令。

最后，软弱无能的朝廷制止了王炎，不允许他们对抗金军。朝廷直接把王炎调走了。王炎是军队的主心骨，没有了他，军队如同一盘散沙。出师北伐的计划毁于一旦。对于没有成功走上战场杀敌这件事，陆游一辈子都耿耿于怀。对朝廷失望透顶的陆游，被派去了成都。

陆游出任成都府路安抚司参议官，官名很长，其实是一个闲职，没有什么权力，做不了大事情。陆游来到成都，颇不得志。后来，大文豪范成大认可陆游，和陆游常来常往。

范成大写的《四时田园杂兴（其二十五）》《四时田园杂兴（其三十一）》等都是经典诗作。你听说过“南宋四大家”吗？很明显，有四个人。这四个人也被称为“中兴四大诗人”。这四个人分别是尤袤、杨万里、范成大、陆游。现在看来，四个人里，尤袤流传下来的作品很少。这是为什么呢？

四时田园杂兴（其二十五）

sì shí tián yuán zá xìng

sòng fàn chéng dà
［宋］范成大

méi zǐ jīn huáng xìng zǐ féi
梅子金黄杏子肥，
mài huā xuě bái cài huā xī
麦花雪白菜花稀。
rì cháng lí luò wú rén guò
日长篱落无人过，
wéi yǒu qīng tíng jiá dié fēi
惟有蜻蜓蛱蝶飞。

注释

杂兴：随兴而写的诗。

蛱蝶：蝴蝶的一种。

麦花：荞麦花。

译文

梅子已经色泽金黄，杏子也正肥硕饱满，
荞麦花雪白雪白的，油菜花稀稀落落的。
夏日的白天变长了，篱笆边已没人经过，
只剩下蜻蜓和蝴蝶，一起相伴飞来飞去。

诗的解读

范成大，字致能，号石湖居士，苏州吴县（今江苏苏州）人。他既是南宋时期著名的大臣，也是和陆游齐名的“中兴四大诗人”之一。范成大是个爱国诗人，一生心系百姓。他写的《四时田园杂兴》是一组诗，一共60首，分为春日、晚春、夏日、秋日和冬日五组，每组12首。

我们讲的这首诗，在60首诗中，排在第25首，是夏日组的第一首。在曾几的《三衢道中》中，我们已经讲过，梅子变黄大概是初夏时分。初夏，乡村的风景是怎样的呢？这首诗里，诗人一点一点写给我们看了。这时，除了梅子变黄成熟，杏子也长得很饱满了。

初夏的乡村，非常美丽，鸟语花香。连田里的荞麦都开花了，雪白雪白的，很漂亮。只是，油菜花变得稀稀落落的，它们要开始结果了。到了夏天，白天的时间越来越长，农家的篱笆墙外已没什么人了，只有蜻蜓和蝴蝶飞来飞去。因为已经到了农人忙碌的时候了。

梅子成熟时，一般是二十四节气中的芒种节气。一年有四季，古人将每个季节又分为六个节气，一共是二十四节气。芒种是夏天的第三个节气。这个节气一到，意味着北方的农民要收割小麦，南方的农民要播种水稻。因为南北方地域差别，所以农作物的品种和种植时间不一样。

sì shí tián yuán zá xìng

四时田园杂兴（其三十一）

sòng fàn chéng dà

［宋］范成大

zhòu chū yún tián yè jì má

昼出耘田夜绩麻，

cūn zhuāng ér nǚ gè dāng jiā

村庄儿女各当家。

tóng sūn wèi jiě gòng gēng zhī

童孙未解供耕织，

yě bàng sāng yīn xué zhòng guā

也傍桑阴学种瓜。

注释

耘田：在田间锄草。绩麻：把麻搓成线。

解：理解，懂得。供耕织：参与耕种和纺织活动。供，从事。耕，耕种。织，纺织。

傍：靠近。

译文

白天要去田里锄草，晚上还要织线纺麻，

村子里的男男女女，都要各自劳动持家。

年幼的孩子们，虽然还不懂得耕田织布，

但也在桑树树荫下，学大人的样子种瓜。

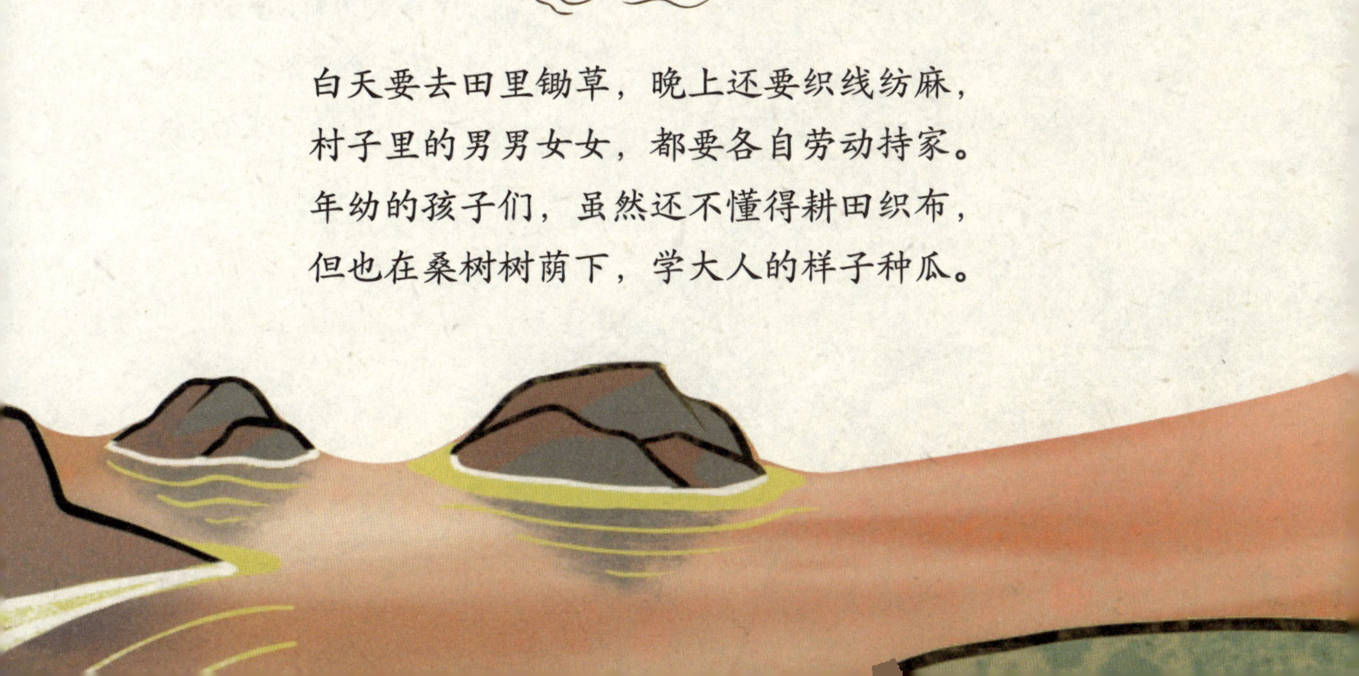

诗的解读

这首诗在范成大的组诗《四时田园杂兴》中排在第31首。写的也是夏天的乡村。上一首，写的是风景。这一首，写的是生活。这首小诗，读过译文之后，是不是觉得比较容易理解呢？不过还是有几个字，我们再细细探讨一下。

比如，第一句里的“耘”。我们常说，一分耕耘，一分收获。耕耘就是我们常说的辛勤劳动。其实啊，“耕”和“耘”两个字有各自的意思。耕，是耕地。耘，是锄草。连在一起，是耕地和锄草，表达了辛勤劳动的意思。那么“绩麻”呢？我们先看“绩麻”里的“绩”。这个字就是成绩的“绩”。没错，“绩”有两个意思。第一个意思，就是成绩的“绩”，说的是一个人的工作成果。第二个意思，就是这首诗里用的意思。它专门用来形容古人织布的一个程序。绩是把纤维搓成线。麻是一种制作衣服的材料。绩麻，就是把麻搓成线这个过程。

第三句里的“未解”又是什么意思呢？解，是懂得的意思，“未解”就是不懂。跟我们平时所说的“令人不解”里的“解”是一个意思。“供耕织”里的“供”

是“提供”的意思吗？不是的。这里的“供”是从事的意思。只是，现在不常用这个意思了。

诗的最后一句里“傍桑阴”的“傍”，很有趣。这个字是“靠近”的意思，而且这个意思有两种用法。一个是“傍晚”的“傍”。“傍晚”是靠近晚上的意思。这里的“傍”说的是时间上的靠近。另一个用法，就是“依山傍水”的傍，也是靠近的意思。不过，是地理位置上的靠近。这首诗里，说的是地理位置上的靠近。

靠近哪里呢？靠近“桑阴”，就是桑树的树荫处。你发现没有，原文里是“阴”，译文中写的是“荫”。这两个字使用方法不一样。说树荫的时候，只能写成“荫”，它指树下的阴影。不过，说树的阴凉处时，就要写成“阴”。

是因为尤袤写的诗没有另外三个人好吗？当然不是。能与另外三个人并称为“南宋四大家”，说明他的诗写得和其他三位一样好。可是，尤袤明明写了很多好诗，却不为人知。尤袤一生喜欢藏书，可惜，他的大量诗稿和其他著作以及大量藏书，在一次火灾中全部被焚毁。

因此，尤袤大部分的好诗，我们都没有机会读到。还好，另外三个人的诗流传了下来。杨万里的《小池》《晓出净慈寺送林子方》是很多人都喜欢的好诗。

在四川时，陆游的诗越来越有名。

xiǎo chí

小池

sòng yáng wàn lǐ

[宋] 杨万里

quán yǎn wú shēng xī xì liú

泉眼无声惜细流，

shù yīn zhào shuǐ ài qíng róu

树阴照水爱晴柔。

xiǎo hé cái lù jiān jiān jiǎo

小荷才露尖尖角，

zǎo yǒu qīng tíng lì shàng tóu

早有蜻蜓立上头。

注释

泉眼：泉水流出的小口。

树阴照水：树木的绿荫倒映在水中。

晴柔：晴朗柔和的风光。

小荷：刚生长出来的又细又小的荷叶。

尖尖角：新长出的荷叶卷曲而形成的尖角。

译文

泉眼一直悄然无声，像爱惜着涓涓细流，

树荫倒映在水面，喜爱晴朗柔和的风光。

新长出的细嫩荷叶，才露出尖尖的小角，

不过早已经有蜻蜓，立在嫩芽的上面了。

诗的解读

杨万里，字廷秀，号诚斋，吉州吉水（今江西吉水）人，南宋著名诗人。他的名气和陆游、范成大不相上下。这首小诗，写得真好。它就像一幅画着花草虫鸟的画。每一句诗都仿佛能让我们看到一幕风景。读起来朗朗上口。第三四句理解起来容易些，咱们主要说一下前两句。

第一句，“泉眼无声惜细流”。很显然，诗人看到了一个泉眼，泉水正从里面流出来。泉眼是流出泉水的地方，一般是很小的一个洞，因此称为“泉眼”。泉眼里正流出细细的水流，可是泉眼没有发出一点儿声音。本来是很平常的事情。可是，诗人用了一个“惜”字，仿佛这个泉眼是一个人，因爱惜着流出来的泉水，才变得悄无声息。

第二句，“树阴照水爱晴柔”。在诗人看来，树木的绿荫在水面形成了倒影，是有原因的。什么原因呢？是因为“爱晴柔”。“晴柔”就是晴朗柔和的风光。爱晴柔，就是喜爱晴朗柔和的风光。那么，为什么树木的绿荫倒映在水中就表示着“爱晴柔”呢？诗人把“树阴”也写出了人的感觉。因为树荫倒映在水中，它就能更好地观赏、感受初夏的风光。

我们怎么知道是初夏呢？第三四句就是答案。“小荷才露尖尖角”，荷叶只有在初夏的时候，才会长出尖尖的角。这首小诗里，有好多景物，有泉水、树荫、荷叶，还有蜻蜓。可以想象一下，看着一只小小的蜻蜓立在荷叶的尖角上，你也会觉得眼前的画面非常美丽吧？

xiǎo chū jìng cí sì sòng lín zǐ fāng
晓出净慈寺送林子方

sòng yáng wàn lǐ
［宋］杨万里

bì jìng xī hú liù yuè zhōng
毕竟西湖六月中，
fēng guāng bù yǔ sì shí tóng
风光不与四时同。
jiē tiān lián yè wú qióng bì
接天莲叶无穷碧，
yìng rì hé huā bié yàng hóng
映日荷花别样红。

注释

净慈寺：杭州西湖南岸的一座著名寺院。林子方：诗人的朋友。

毕竟：终究，到底。

四时：原指春夏秋冬四季，这里指除六月以外的其他时节。

无穷：无尽，没有边际。

别样：不一样，格外。

译文

到底是六月里，西湖的景色真是美丽。
风光就是特别，与其他时节都不相同。
莲叶与天相接，碧绿的颜色一望无际。
在朝阳映照下，荷花的颜色格外鲜红。

诗的解读

这首诗写的是西湖美景。诗人杨万里去西湖只是为了看风景吗？不是。诗的题目已经告诉我们，这一天诗人的真正目的是给好朋友林子方送行。诗人一大清早就在杭州西湖附近的净慈寺，送别了好友。这首诗，就是路过西湖的时候写的。

虽然送别朋友是一件伤感的事情，但是西湖的景色太美了，诗人忍不住写了这首诗，记录下当时的风光。这首诗，写的是六月的西湖。开头“毕竟”两个字，让人觉得仿佛诗人在跟什么人交谈。好像在说，你看，毕竟是六月里的西湖，风景就是与其他的时节不一样啊。说不定，他是在假装跟已经离开的林子方说话呢。

到底是六月里，西湖的景色真是美丽，不仅美丽，还美丽得与众不同，跟其他时候的景色都不一样。第二句里的“四时”，本来指的是一年四季，在这里是说除了阴历六月以外的其他时节。

我们知道，荷叶是绿色的，荷花是粉红色的。一个人站在西湖边，看着西湖，觉得无边无际。满湖的荷叶就好像一直长到了天边，那碧绿的颜色无穷无尽。早上的太阳颜色最红，刚好诗人是早上送别的好友。因此，朝阳红色的光落下来，照在荷花上，荷花就显得更加鲜艳夺目了。

诗人真幸运，看到了阴历六月的清晨里最美丽的西湖。

起起伏伏的仕途

陆游诗名日盛，受到孝宗召见，陆游先后去了福建、江西等地方做官。

1186年，陆游担任严州太守。这一年，他整理自己的旧作，命名为《剑南诗稿》。

1189年，宋孝宗退位，宋光宗登基。第二年，陆游升为礼部郎中。陆游从未改变对抗金军的主张。他一生都很倔强。因这一点，他的仕途起起伏伏。不久之后，陆游再次被罢免官职。陆游再次离开京师，悲愤不已。

晚年，陆游仍心系国事。他写下《秋夜将晓出篱门迎凉有感》。1194年，朝廷发生了一件大事。南宋皇宫发生政变，光宗被废，太子登基，为宋宁宗。一朝天子一朝臣，政变的发生，让一个叫朱熹的人倒了霉。

qiū yè jiāng xiǎo chū lí mén yíng liáng yǒu gǎn

秋夜将晓出篱门迎凉有感

sòng lù yóu

[宋]陆游

sān wàn lǐ hé dōng rù hǎi

三万里河东入海，

wǔ qiān rèn yuè shàng mó tiān

五千仞岳上摩天。

yí mín lèi jìn hú chén lǐ

遗民泪尽胡尘里，

nán wàng wáng shī yòu yì nián

南望王师又一年。

注释

迎凉：出门时感觉到一阵凉风。

仞：长度单位，一仞相当于七尺或八尺。

摩：摩擦，接触。

王师：指南宋朝廷的军队。

译文

万里长河向东奔流入海，

千仞高山高耸上接青天。

在外敌的统治之下，遗民们眼泪已流尽。

向南遥望宋军北伐，时间又过去了一年。

诗的解读

这首诗写于陆游晚年归乡后。平静的乡村生活，并没有真正地安抚他那颗爱国的心。他时刻关心着北方那些在金人统治之下生活着的人们。因此，他写下了这首诗，让人读来十分感慨。

这首诗，前两句写景色，后两句写感情。第一二句里分别出现了“三万里河”和“五千仞岳”，“仞”和“里”都是长度单位。“三万里”和“五千仞”把想象中的中原景象描写得高大壮阔，气势磅礴。

万里长河向东流入大海，千仞高山仿佛可以触碰到云霄。第二句里的“摩天”，跟我们说的“摩天大楼”“摩天轮”里的“摩天”是一个意思。这个“摩”是摩擦、接触的意思。摩天，指可以摩擦或接触到天空，就是特别高的意思。

后两句呢，诗人写的是北方遗民的苦苦盼望与失望。这些人每天都盼望着南边的宋军能够北伐，收复故土。

最后一句里的“南望王师”，可以理解为向南遥望王师。师，除了我们常用的“老师”的意思，还有“军队”的意思。王师，就是南宋朝廷的军队。可是，日复一日、年复一年，朝廷始终没有派兵收复失地。北方的人民眼泪都流干了，也没有等来朝廷的军队。

陆游离开四川，返回京城之时，便与朱熹相识。朱熹是诗人。他写过《春日》《观书有感》等诗。他也是著名的理学家。理学是一种形成于北宋时期的哲学思想。南宋时期，朱熹将“理学”发扬光大，他的理学思想影响深远。另外，朱熹对中国古代的民间教育贡献巨大。

朱熹创办了很多书院。比如，福建的寒泉精舍、云谷书院、武夷书院、考亭书院等。他还修复了江西的白鹿洞书院、湖南的岳麓书院，并且完善了教育制度，还曾在很多书院教书。白鹿洞书院和岳麓书院，后来位列“中国四大书院”，朱熹功不可没。

chūn rì
春日

sòng zhū xī
［宋］朱熹

shèng rì xún fāng sì shuǐ bīn
胜日寻芳泗水滨，
wú biān guāng jǐng yì shí xīn
无边光景一时新。
děng xián shí dé dōng fēng miàn
等闲识得东风面，
wàn zǐ qiān hóng zǒng shì chūn
万紫千红总是春。

注释

胜日：春光明媚的日子。泗水：河名，位于山东东部。滨：水边。

等闲：轻易，随便。东风：春风。

译文

春光明媚的日子，我在泗水边踏青，
无边无际的风景，会让人耳目一新。
我能轻而易举地，认出春风的样子，
到处都万紫千红，全是春天的美景。

诗的解读

朱熹，字元晦，号晦庵，祖籍徽州府婺源县（今江西婺源），南宋著名的理学家、教育家、诗人。南宋的理学思想，以程颢、程颐两兄弟和朱熹影响最大，因此，他们的理学思想，也被称为“程朱理学”。

这首诗写的是诗人朱熹春游的故事。第一句里的“胜”和平时常说的“旅游胜地”里的“胜”是一个意思，形容景物优美。胜日，就是优美的一日。不过，这样听起来怪怪的。因此，我们译成春光明媚的日子。春天到了，古人也会出去玩耍。古人叫“踏青”，也叫“踏春”。意思是春游。

春天到了，诗人在一个阳光明媚的日子，去了泗水边春游。春天是百花盛开的季节。春游的时候，我们总是喜欢看看花草树木，因此诗人也要去“寻芳”——寻找花朵。

来到泗水边之后，诗人看到无边无际的风景，感到世界焕然一新。

我们常用“等闲之辈”这个词语来形容寻常之人。因此，第三句里的“等闲”可以理解为轻易、随便。那么,“东风面”是什么意思呢？我们在杜甫那一册书中讨论韩翃的《寒食》时，遇到过“东风”一词，指春风。这里也是一样的意思。东风面，就是春风的面容，也就是春风的样子。轻而易举就能认出春风的样子。

风，哪里有什么面容？诗人这么说，意思就是，到处都是百花盛开、色彩艳丽的春日风光。我们把看不见的风想象成一个人，如果它有面容，那么一定是这些能看得见的春日景色。这首诗还诞生了“万紫千红”这个成语，形容百花齐放，色彩艳丽，或景象繁荣兴旺，比喻事物丰富多彩。

guān shū yǒu gǎn
观书有感（其一）

sòng zhū xī
［宋］朱熹

bàn mǔ fāng táng yí jiàn kāi
半亩方塘一鉴开，
tiān guāng yún yǐng gòng pái huái
天光云影共徘徊。
wèn qú nǎ dé qīng rú xǔ
问渠那得清如许？
wèi yǒu yuán tóu huó shuǐ lái
为有源头活水来。

注释

鉴：镜子。
徘徊：来回走，这里指天光云影来回移动。
渠：它，第三人称代词，指方塘中的水。
那：同“哪”。如许：如此，这样。
活水：常流动的水。

译文

半亩大的方形池塘，像镜子一样打开，
天空和浮云的倒影，在水中来回移动。
要问那池塘里的水，为何能如此清澈？
因为有流动的水，源源不断注入其中。

诗的解读

这首诗，我们先来看题目《观书有感》。诗的内容看上去写的是风景。其实，诗人是在用象征的手法，谈论读书这件事。

我们先说说这首诗的字面意思。前两句，有一个半亩大的方形池塘，在诗人面前像镜子一样打开，天空和云朵的倒影一起在水中“徘徊”。徘徊，就是来回移动。

这首诗的第三四句好像是诗人和池水的对话。第三句里的“渠”是“它”的意思，指池塘里的水。“那”字，不仅读成“哪”，而且本身就是“哪”的意思。“清如许”是如此清澈的意思。第四句里的“活水”，是指常流动的水。我们可以想象一下，诗人和池水的一问一答。诗人问池水：“为什么你能够如此清澈呢？”池水回答：“因为一直有流动的水源源不断地涌入啊。”最后一句里的“为”就是因为的意思。

诗人想通过这首诗告诉我们，人只有不断地学习新的知识，才能保持思想上的畅通和活跃。就像只有流动的水不断涌入池塘，池塘里的水才能保持清澈。

1207年，朝廷与金国签订“嘉定和议”，北伐宣告彻底失败。听到这个消息，陆游悲痛万分，被气得一病不起。生命的最后几年，陆游一直心情抑郁。1210年，陆游知道自己的生命走到了尽头，他留下绝笔《示儿》之后，与世长辞。

示儿

shì ér

[宋]陆游

sòng lù yóu

sǐ qù yuán zhī wàn shì kōng
死去元知万事空，
dàn bēi bú jiàn jiǔ zhōu tóng
但悲不见九州同。
wáng shī běi dìng zhōng yuán rì
王师北定中原日，
jiā jì wú wàng gào nǎi wēng
家祭无忘告乃翁。

注释

示儿：给儿子看。这首诗是诗人临终前写给儿子的。
元知：原本知道。元，本来，原本。
但：只是。悲：悲伤。九州：指中国。古时中国划分为九个州，因此常用九州指代中国。同：统一。
王师：指南宋朝廷的军队。北定：收复北方失地。
家祭：家中祭祀。无忘：不要忘记。
乃翁：你们的父亲，指诗人自己。

译文

原本就知道人死后万事皆空，
只是悲痛不能活着看到国家统一。
朝廷军队收复中原失地的日子，
家里祭祀时别忘了告诉你们的父亲。

诗的解读

陆游去世之前写了这首诗。题目叫《示儿》，意思就是给儿子们看的。一个人在生命的尽头说的话肯定是很重要的事情。陆游想对他的儿子们说什么呢？这首诗给了我们答案。他一直期待着南宋朝廷能够收复北方失地，早日实现国家统一，解放北方的百姓。

读这首诗的第一句，我们就知道诗人快要去世了。他说，“死去元知万事空”。元，是原本、本来的意思。原本知道，人死去了，就“万事空”了，什么都没有了。第二句里的“但”，意思是只是。九州，是古代中国的代称。同，是统一的意思。连在一起，就知道第二句的意思了。只是悲痛不能活着看见祖国统一了。

第三句里的“王师”我们在前面那首诗《秋夜将晓出篱门迎凉有感》里说过，可以去找找看，复习一下。诗人说，“王师北定中原日”，朝廷的军队收复北方失地，安定中原的日子，如果这一天到来了，“家祭无忘告乃翁”，家里祭祀的时候不要忘记告诉你们的父亲。

每年清明节，大家都会跟着长辈一起去给家里去世的祖先扫墓。这样的活动，就是“家祭”。什么是“乃翁”？乃，就是你、你们。翁，本来是老人的意思，在这首诗里，是父亲的意思。祭祀祖先时，会祈求祖先保佑我们健康平安。不过，诗人给儿子们安排了一个任务，就是别忘了，把祖国统一的消息告诉他。

诗词游乐场

墨梅

mò méi

[元]王冕

yuán wángmiǎn

wǒ jiā xǐ yàn chí tóu shù
我家洗砚池头树，

duǒ duǒ huā kāi dàn mò hén
朵朵花开淡墨痕。

bú yào rén kuā hǎo yán sè
不要人夸好颜色，

zhǐ liú qīng qì mǎn qián kūn
只留清气满乾坤。

注释

墨梅：用水墨画的梅花。

洗砚池：清洗笔砚的水池。传说东晋大书法家王羲之家附近曾有洗砚池，他发奋练习书法，经常在池中冲洗笔砚，以至于池中的水都被染成黑色。王冕称“我家洗砚池”，意思是自己像王羲之一样勤奋。

乾坤：天地之间。

译文

画中是我家洗砚池旁生长着的一棵梅树，

朵朵盛开的梅花是水墨留下的淡淡痕迹。

墨梅不需要别人去夸赞它们的美好颜色，

只想留下清新的香气充满整个天地之间。

诗的解读

王冕，字元章，浙江诸暨人，元代著名画家、诗人。因为喜欢梅花，所以有一个别号叫“梅花屋主”。这首诗的题目是《墨梅》，这首诗说的是一幅画，这幅画里是诗人用水墨画成的梅花。

王冕小时候家里特别穷，他没有念过书，一直给别人放牛。但他很勤奋，自学成才。他很想念书，只能偷偷跑去学堂，偷听老师讲课，然后自己默默记住。经常因为这个原因，把自己放的牛都弄丢了。可是，不管家里人怎么惩罚他，都无法阻止他一个人偷偷地学习。

长大以后，王冕没有做官，一直四处漫游，不仅诗写得好，还会画画。后来，归隐田园。王冕的这首《墨梅》，非常动人。我们先说说“墨”。你知道文房四宝吗？笔、墨、纸、砚，就是文房四宝。其中，只有“砚”距离现在的生活有些遥远。砚，就是砚台，用来研墨的。古代是没有墨汁的。想要得到墨汁，用墨汁写字、作画，必须要自己制作。这个制作过程叫“研墨”。

因为很多砚台本身是黑色的，所以有的人以为可以把砚台磨出墨汁来。其实，是不对的。砚台本身怎么磨，也磨不出墨汁来。需要先往砚台中倒入适当的水，然后再加入墨块进行研磨，才能磨出墨汁来。每个人用相同的原料和砚台磨出来的墨，都不一样。手法、快慢都很有讲究。研墨是中国的传统手艺，是中国的文化遗产。

在诗人家的洗砚池旁，种着一棵梅树。洗砚池是专门用来洗笔砚的水池。在这首小诗里，诗人描绘了一幅画。这幅画就是用水墨画成的梅花。画中，梅花绽放的样子，都是水墨留下的淡淡痕迹。诗人说，它们无需别人夸赞自己的颜色好看，只想留下一股清香，充满天地之间。

shí huī yín

石灰吟

míng yú qiān

[明] 于谦

qiān chuí wàn záo chū shēn shān

千锤万凿出深山，

liè huǒ fén shāo ruò děng xián

烈火焚烧若等闲。

fěn gǔ suì shēn hún bú pà

粉骨碎身浑不怕，

yào liú qīng bái zài rén jiān

要留清白在人间。

注释

石灰：指生石灰，用石灰石、贝壳等碳酸钙含量高的原料，经 900~1100℃高温煅烧而成。可用作干燥剂等。

若：如同，好像。

浑：全，全然。

清白：指高尚的节操。

译文

经千万次的锤凿，石灰出自深山里。

被熊熊烈火焚烧，都仿佛若无其事。

即使粉身碎骨了，也完全不会害怕。

只想要把一身清白，留在这人世间。

诗的解读

于谦，字廷益，号节庵，浙江杭州人，明代政治家、军事家。他做官一直做到“少保”，世称“于少保”。少保，古代官职。

于谦，文武双全，是著名的民族英雄。这首《石灰吟》是一首托物言志的咏物诗。什么叫“托物言志”？就是通过对物品的描写和叙述，表达自己的志向和意愿。

这首诗讲了石灰的产生过程。首先，“千锤万凿出深山”，锤一千次，凿一万次，才能从深山里开采出来石灰石。然后，“烈火焚烧若等闲”，开采出来之后，要放进烈火中焚烧。这时，诗人用了拟人的写作手法，说石灰石被火烧时依然“若等闲”，就像若无其事一般，任凭烈火焚烧自己。

烧完之后，还要将它们碾成粉末。因此，诗人说，“粉骨碎身浑不怕”。此时，诗人再次使用拟人的手法说，即便如此，石灰也“浑不怕”。浑，就是完全的意思。浑不怕，就是完全不怕。

石灰石被火烧、被碾碎，都不害怕。它为何能够如此勇敢？因为诗人说，“要留清白在人间”。生石灰是白色的。石灰经历了这一切，毫不害怕的原因是为了将自己的清白留在这人世间。诗人想告诉我们，他自己也是这样的，为了无愧于心、无愧于百姓和国家，要他经历什么样的苦难，他都无所畏惧。

zhú shí

竹石

qīng zhèng xiè

［清］郑燮

yǎo dìng qīng shān bú fàng sōng

咬定青山不放松，

lì gēn yuán zài pò yán zhōng

立根原在破岩中。

qiān mó wàn jī hái jiān jìng

千磨万击还坚劲，

rèn ěr dōng xī nán běi fēng

任尔东西南北风。

注释

竹石：竹子生长于乱石中。本诗是一首题画诗，题写在诗人自己所画的《竹石图》上。

咬定：咬紧，比喻竹根扎得牢固。

立根：扎根。破岩：岩石的缝隙。

任：任凭。

尔：你。

译文

竹子紧紧咬住青山丝毫不会放松，
本来它的根就扎在岩石的缝隙中。
历经千万磨难打击仍然挺直身骨，
任凭你吹刮着东风西风南风北风。

诗的解读

郑燮，字克柔，号板桥，人称“板桥先生”，江苏兴化人。清代著名的书画家、诗人。他做过一段时间的官，然后客居扬州，以卖字画为生。他一生最喜欢画三样事物：兰花、竹子和石头。当年，扬州有八位书画家，非常有名，风格相似，被称为“扬州八怪”。郑燮，就是其中之一。

古代画家作画，常在空白处写诗。这首《竹石》就是郑板桥写在自己所画的《竹石图》上的。郑板桥喜欢画的三样东西，这首诗里就有两样了。一个是竹子，另一个是石头。这首诗不难理解。第一句里的“咬”字，容易让人疑惑。我们说过很多次拟人的写作手法，这里也是这样。

诗人为了表达青山上的竹子长得非常稳固，用了拟人的手法，用了“咬”这个字。就像是竹子一口咬住这座山，无论怎样都不会被甩掉的样子。这么一想，便知竹子肯定不会轻易倒下来。诗人就是这个意思，竹子死死咬住青山，怎样都不会放松的。

竹子为何如此稳固？因为“立根原在破岩中”，竹子的根深深扎进了岩石破裂的缝隙里。一般植物的根都在泥土里。竹子的根却可以长进石缝里，极其顽强。所以，诗人说，“千磨万击还坚劲”。坚劲，这里指竹子挺直身骨。不论怎样坏的天气，“任尔东西南北风”，都很难轻易弄倒竹子。

任尔，任凭你。任凭你吹什么狂风，任凭风从东西南北哪个方向刮来，竹子都会一直坚挺地长在那里。其实，这正是诗人自己的写照，无论周遭的环境多么险恶，他都百折不挠。

suǒ jiàn

所见

qīng yuán méi

［清］袁枚

mù tóng qí huáng niú

牧童骑黄牛，

gē shēng zhèn lín yuè

歌声振林樾。

yì yù bǔ míng chán

意欲捕鸣蝉，

hū rán bì kǒu lì

忽然闭口立。

注释

振：摇动，回荡。林樾：成荫的树林。樾，树荫。

意欲：想要。

译文

一个放牛的孩子骑在牛背上，
他响亮的歌声在树林里回荡。
他想要去捕捉一直鸣叫的蝉，
忽然闭上嘴安静地站在树旁。

诗的解读

袁枚，字子才，号简斋，晚年还取了其他的别号，比如仓山居士、随园主人、随园老人，钱塘（今浙江杭州）人。清代诗人、文学家。在小仓山隋氏废园建园林，改园名为“随园”。

说回这首诗。这首诗中有一个“樾”字，不常见。咱们先聊聊这个字。这个字有两个意思，一个是树荫，另一个是可以遮阴的树。总之，跟树都有关系。“林樾”可以理解为树林里树木之间空隙的地方。理解了这个词，我们就可以更好地理解整首诗了。

“牧童骑黄牛，歌声振林樾。”我们可以一边读诗，一边想象。诗人这两句，写的就是一个在树林里放牛的牧童。他一边放牛，一边唱歌。响亮的歌声，在树林里回荡。为什么歌声会回荡？因为在一个空旷的地方大声说话或者大声唱歌，是有回声的。

“意欲捕鸣蝉，忽然闭口立。”这个牧童，唱着唱着，忽然听到了蝉鸣的声音。蝉，就是我们说的“知了”。只有夏天，才能听到知了的叫声。因此，我们能确定诗人写的是夏天的故事。牧童想去捉一只知了，于是他忽然停了下来，闭上了嘴，没有再唱歌，安静地站在树旁。

发生了什么事情？他怎么突然不唱歌，安安静静地站在树旁边了呢？因为，他要去捉知了啊。总不能一直唱歌，把知了吓跑啊。所以，他突然安静下来，小心翼翼地靠近知了，等待时机。袁枚这首诗，写得非常生动。

jǐ hài zá shī

己亥杂诗

qīng gōng zì zhēn

[清] 龚自珍

jiǔ zhōu shēng qì shì fēng léi

九州生气恃风雷，

wàn mǎ qí yīn jiū kě āi

万马齐喑究可哀。

wǒ quàn tiān gōng chóng dǒu sǒu

我劝天公重抖擞，

bù jū yì gé jiàng rén cái

不拘一格降人材。

注释

己亥杂诗：诗人在己亥年（1839 年）写的一组诗。这里选的是其中一首。“己亥”这一年龚自珍辞官南归，途中写下 315 首诗，总题为“己亥杂诗”。

生气：活力，生命力。这里指朝气蓬勃的局面。恃：依靠。风雷：这里比喻风雨雷电般迅疾、果断的改革。

万马齐喑：所有的马都沉寂无声。这里比喻人们都对时弊沉默不语。喑，沉默。究：终究，毕竟。

天公：上天，这里暗指清朝皇帝。

抖擞：振作精神。

不拘一格：不局限于一定的类型。

译文

国家的生机勃勃需要干脆果断的改革，
百姓对时弊沉默不语是很可悲的事情。
我劝请上天一定要重新振作起精神来，
别局限于陈旧规则大胆造就治国英才。

诗的解读

龚自珍，字瑟（sè）人，浙江仁和（今杭州）人。清代著名的思想家、文学家。1839年，龚自珍辞去官职，南归故乡，他在路上写下了著名的一组诗《己亥杂诗》，数量很多，一共有315首。我们这里谈论的是最出名的一首。

经过一百多年的统治，清王朝的根基开始动摇。在这种情况下，诗人写下了这首诗来抒发自己内心对国家的担忧和对未来的期许。第一句，“九州生气恃风雷”。九州，我们在陆游的《示儿》里说过，可以翻回去复习一下。恃，是依靠的意思。风雷，是诗人的比喻，比喻如风雨雷电一样迅速、干脆的改革。第二句，“万马齐喑究可哀”。喑，是沉默的意思。万马齐喑，是一个成语，意思是所有的马都沉寂无声。比喻人们都沉默，不说话，不发表意见，形容死气沉沉。

第三句，“我劝天公重抖擞”。抖擞，我们平时也会用到。比如，我们会说，“我们又开始了精神抖擞的一天”。抖擞，就是形容精神振奋和饱满的样子。第四句，“不拘一格降人材”。不拘一格，也是一个成语。拘，拘泥。格，格局、规格。不拘一格，意思就是，不局限于一种规格。

现在，我们总结一下这首诗的内容。诗人希望国家能够有果断有效的改革，纠正一些存在的问题，让国家变得更好。他希望，百姓对国事不闻不问或者不敢发表意见的情况能够得到改变。他希望朝廷能够不被一些老的、旧的规则限制，大胆造就治国英才。

cūn jū
村居

qīng gāo dǐng
［清］高鼎

cǎo zhǎng yīng fēi èr yuè tiān
草长莺飞二月天，

fú dī yáng liǔ zuì chūn yān
拂堤杨柳醉春烟。

ér tóng sàn xué guī lái zǎo
儿童散学归来早，

máng chèn dōng fēng fàng zhǐ yuān
忙趁东风放纸鸢。

注释

拂堤杨柳：柳枝轻拂堤岸。拂，轻轻擦过或飘动。醉：沉醉，陶醉。春烟：春天的雾气。趁：利用。纸鸢：风筝。

译文

早春二月天里，青草生长黄莺飞舞，
杨柳轻拂堤岸，沉醉在春日雾气里。
孩子们放学后，早早地回到了家中，
都赶紧趁着春风，放起一只只风筝。

诗的解读

高鼎，字象一，又字拙吾，浙江仁和（今杭州）人，清代诗人。这首诗里，我们要讨论四个词语。只要弄懂了这四个词语，这首诗就很容易理解了。

第一，“草长莺飞”。这是一个成语。意思是，青草生长、黄莺飞舞。形容春天的美好景色。黄莺是一种长得有点儿像黄鹂的鸟，全身金黄色，只有翅膀和尾巴上能隐约看到一点儿黑色。春天一到，草变绿了，黄莺也开始飞舞。

第二，“二月天”。我们在贺知章的《咏柳》、杜牧的《山行》和翁卷的《乡村四月》等很多诗里都遇到了月份。古诗词里写到的月份都是阴历。没错，这首诗里的“二月”仍然说的是阴历二月。

第三，“堤”。南熊叔叔小时候生活在一个小地方。那里有一条很宽阔的河，河边就有堤，也就是堤坝，人们建起来防水的。有时候，雨水太多，河里的水就会越来越多，如果两岸的地面不够高，水就会淹没岸边的土地。因此，人们就建造了堤坝，防止这种情况的发生。很多时候，堤坝旁边会种一些柳树。

第四，“纸鸢”。早在2000多年前，中国人就发明了风筝。古时候的风筝就叫“纸鸢”。鸢，是一种长得很像老鹰的猛禽。纸鸢，顾名思义，就是纸做的鸢。最初的风筝，就是用纸做成鸢的形状。

弄懂了这四个词语，这首诗就容易理解了。阴历二月，正是春天开始的时候，到处青草生长、黄莺飞舞。河的堤岸边种着杨柳，柳枝随着春风摇曳摆动，就像沉醉在春天的雾气里。孩子们放学后，都早早回到了家，趁着春风放起一只只风筝。

sù xīn shì xú gōng diàn
宿新市徐公店

sòng yángwàn lǐ
[宋]杨万里

lí luò shū shū yí jìng shēn
篱落疏疏一径深，
shù tóu xīn lǜ wèi chéng yīn
树头新绿未成阴。
ér tóng jí zǒu zhuī huáng dié
儿童急走追黄蝶，
fēi rù cài huā wú chù xún
飞入菜花无处寻。

注释

新市：地名，在湖南攸县北边。

疏疏：稀疏。

译文

在稀稀落落的篱笆旁，有一条小路伸向远方，
树上新长出的绿叶子，还没让树边形成树荫。
一个孩子正急匆匆地，追赶一只黄色的蝴蝶，
可是蝴蝶飞进了菜花丛中，再也找不到它了。

诗的解读

这首诗的题目叫《宿新市徐公店》。新市是湖南攸县北边的一个地方。徐公店，是说一个姓徐的男子开的客栈。古时候，尊称男性时用“公”这个字。

杨万里这首诗写的是，他住宿在客栈时看到的场景。第一句中的“篱落”一词，在叶绍翁的《夜书所见》中也出现过。诗人说，客栈的篱笆稀稀落落的，旁边还有一条小路通往远处。树上新长出的树叶还不足够茂密，没有形成树荫。

诗的前两句写景，后两句写人。诗人看到附近有孩子在奔跑。仔细一看，原来是在急匆匆地追赶着黄色的蝴蝶。可是，一不留神，蝴蝶就飞进了菜花丛里。估计诗人看到的是油菜花，因为油菜花也是黄色的，所以蝴蝶飞进去之后，怎么找也找不到了。美好的风景和纯真的孩子，在诗人笔下变得活灵活现。

zhì zǐ nòng bīng
稚子弄冰

sòng yáng wàn lǐ
［宋］杨万里

zhì zǐ jīn pén tuō xiǎo bīng
稚子金盆脱晓冰，

cǎi sī chuān qǔ dàng yín zhēng
彩丝穿取当银钲。

qiāo chéng yù qìng chuān lín xiǎng
敲成玉磬穿林响，

hū zuò bō lí suì dì shēng
忽作玻璃碎地声。

注释

脱：取出。

取：这里没有实在意义。钲：古代一种用金属制成的打击乐器。

磬：古代一种用玉或石制成的打击乐器。

玻璃：一种天然玉石，和现在的玻璃不同。

译文

早晨小孩子从结有坚冰的铜盆里取出冰块，

用彩色的线把冰块串起来当作银色的钲敲。

冰块敲出的像玉磬一样的声音穿越了树林，

突然冰块掉在地上发出玉石一般的碎裂声。

诗的解读

杨万里是一个很关注孩子的诗人。他写了很多跟孩子有关的诗。这首诗也是如此，写的是冬天清晨孩子们用冰块玩耍的情景。第一句里的“金盆”要注意一下，它的意思是“铜盆”，用铜制作的盆，不是用金制作的。

冬天很冷，盆里的水一夜之后就结冰了。清晨，孩子们把冰块从铜盆里取出来玩耍。他们用彩色的线把冰块串起来当作乐器敲打。被线串起来的冰块，很像古代一种叫“钲”的乐器。冰块是白色的，于是诗人说孩子们把冰块当银色的钲。

这声音就像古代的另一种乐器发出来的。这种乐器叫“磬”，而且还是用玉制作的磬。不管是钲还是磬，如今都不常见了。冰块发出的声音像磬发出的声音一样，穿越树林。

可是，孩子们敲着敲着，冰块就掉在了地上。这时，这奇妙的冰块又发出了玉石一样碎裂的声音。在白居易的《池上》里，我们遇到了在水中偷偷划小船的孩子，在胡令能的《小儿垂钓》里，遇到了在河边钓鱼的孩子，在本诗中，还遇到了在冬天玩冰的孩子。中国古代小朋友们的生活也很丰富多彩呢。

guān shū yǒu gǎn

观书有感（其二）

sòng zhū xī

［宋］朱熹

zuó yè jiāng biān chūn shuǐ shēng
昨夜江边春水生，
méng chōng jù jiàn yì máo qīng
蒙冲巨舰一毛轻。
xiàng lái wǎng fèi tuī yí lì
向来枉费推移力，
cǐ rì zhōng liú zì zài xíng
此日中流自在行。

注释

蒙冲：古代的一种战船，和后面的“巨舰”都是指巨大的船。一毛轻：像一根羽毛一样轻。

向来：先前，指春水没有涨起来的时候。推移力：推动船只的力气。水浅的时候，船行很困难，需要人去推。

译文

昨天夜里春汛时期的江水涨潮了，
巨大的船就像一根羽毛一样轻盈。
先前推动大船需要白白浪费人力，
今天大船却能在河里自在地航行。

诗的解读

前面我们讲过朱熹的《观书有感》（其一）。这两首诗是一组诗。虽然内容看上去都是写景，但其实是诗人在表达读书的体会。我们先说说这首诗字面的意思。随着降雨或者冰雪融化，一年之中河水会有规律地出现明显上涨的情况。诗的第一句中的“春水生”表示此时正是春汛时期。

诗人说，昨天夜里，江水上涨了。平时水浅的时候行动不便的巨大船只突然之间就像羽毛一样轻盈了。先前推动船只需要白白浪费人力，今天大船却能在河中自在航行了。

诗人想告诉我们，读书靠积累，知识越丰富，体悟越明白。有个成语叫“水涨船高”，意思是水位增高，船也随之上浮，比喻事物随着它凭借的基础的增长而增长、提高。例如，一个东西很多人去买，时间久了这个东西就可能会涨价。这时我们可以说：它太畅销了，价格也水涨船高了。

西江月·夜行黄沙道中

xī jiāng yuè yè xíng huáng shā dào zhōng

sòng xīn qì jí
［宋］辛弃疾

míng yuè bié zhī jīng què，qīng fēng bàn yè míng chán。
明月别枝惊鹊，清风半夜鸣蝉。

dào huā xiāng lǐ shuō fēng nián，tīng qǔ wā shēng yí piàn。
稻花香里说丰年，听取蛙声一片。

qī bā gè xīng tiān wài，liǎng sān diǎn yǔ shān qián。
七八个星天外，两三点雨山前。

jiù shí máo diàn shè lín biān，lù zhuǎn xī qiáo hū xiàn。
旧时茅店社林边，路转溪桥忽见。

注释

西江月：词牌名。黄沙：地名，黄沙岭，在江西上饶西边。

别枝：横斜突兀的树枝。

茅店：用茅草盖的旅店。社林：土地庙附近的树林。

忽见：忽然出现。见，同“现”。

译文

明月升上了树梢，惊动了枝头的鹊鸟，清凉的夜风中蝉鸣阵阵。人们在稻谷香气中，谈论着将要丰收的好年景，耳边还能够听得见，青蛙的叫声连成一片。

星星时隐时现，淅淅沥沥的小雨落在山前。往日土地庙附近树林边的茅草小店哪儿去了？到了溪桥拐了个弯，小店忽然出现在眼前。

诗的解读

辛弃疾，字幼安，号稼轩，历城（今山东济南）人，南宋词人。他被誉为“词中之龙”，与苏轼合称“苏辛”。前人论宋词，或分为“婉约”“豪放”两派，而以苏轼、辛弃疾为豪放词派的代表，故常并称。

这首词，“西江月”是词牌名，词人自己取的题目是《夜行黄沙道中》，意思是半夜走在黄沙岭的路上。黄沙，就是黄沙岭，在江西省上饶市西边。这一路，诗人将看到的风土人情，全部写进了这首词里。读这首词，好像看了一部小电影。

上阕四句，写了视觉、听觉和嗅觉三种感受。第一句里的“别枝”说的是树上斜着长出来的树枝。月亮升起来之后，惊动了本来在树上休息的鹊鸟。

除了月亮、鹊鸟这些可以看到的事物，词人还听到了知了的叫声、青蛙的叫声和人们说话的声音。

同时，词人闻见了稻谷的香气。在稻谷的香气里，人们谈论着将要丰收的一年。

下阕四句，词人让我们知道，这晚天在下雨。“两三点雨山前”是说淅淅沥沥的小雨落在山前。“七八个星”形容星星稀疏，时隐时现。

最后两句，词人说，“旧时茅店社林边”。他知道，这个地方以前有个茅草盖的小店，就在“社林边”。社林，是土地庙附近的树林。茅屋小店在哪儿呢？“路转溪桥忽见”。到了溪桥那里拐个弯，小店就忽然出现在眼前了。

qīng píng yuè cūn jū
清平乐·村居

sòng xīn qì jí
[宋] 辛弃疾

máo yán dī xiǎo xī shàng qīng qīng cǎo
茅檐低小，溪上青青草。
zuì lǐ wú yīn xiāng mèi hǎo bái fà shuí jiā wēng ǎo
醉里吴音相媚好，白发谁家翁媪？
dà ér chú dòu xī dōng zhōng ér zhèng zhī jī lóng
大儿锄豆溪东，中儿正织鸡笼。
zuì xǐ xiǎo ér wú lài xī tóu wò bō lián péng
最喜小儿亡赖，溪头卧剥莲蓬。

注释

清平乐：词牌名。村居：词题。在乡村居住的生活。

吴音：吴地的方言。相媚好：指相互逗趣，取乐。

翁：老翁。媪：老妇。连在一起，也指年老的父母。

亡赖：同“无赖”，这里指顽皮、淘气。

译文

茅草屋子的房檐低低小小的，小溪的边上长满了青青的草。带着醉意的吴地方言和谐又美好，那白发的老翁和老妇是谁呢？

大儿子在溪东边的豆田锄草，二儿子正在编织着鸡笼。最令人喜爱的是顽皮的小儿子，他卧倒在小溪边剥着莲蓬。

诗的解读

辛弃疾的这首词，写的是乡村生活。整首词文字简练朴素。

这家人住在一个茅草屋子里。茅草屋子的房檐很矮、很小。屋子附近有一条小溪，溪边长满了青草。这首词上阕第二句里的“溪上”和下阕第四句里的“溪头”都是溪边的意思。春秋时期，这里属于吴国。因此，词人说自己听到的是“吴音”，吴地方言。

老两口正在一边喝酒一边聊天。“相媚好”，是说老两口带着醉意用吴地方言相互逗乐，看着十分幸福，既和谐又美好。词中的“翁媪”，是老翁和老妇的意思。于是，词人在这首词上阕的最后一句，问道：那白发的老翁和老妇是谁呀？下阕就有答案了。他们是三个孩子的父母。

这一家子有五口人。此时，大儿子在小溪东边的豆田里锄草，二儿子在给家里养的鸡编织笼子。小儿子呢？最讨人喜欢，也最调皮。“亡赖”同“无赖”。无赖，一般形容一个人蛮不讲理，或者指游手好闲、品行不端的人。在这首词里，它的意思是顽皮、淘气。老大老二都在干活，只有老三没事做，一个人跑去小溪边躺着剥莲蓬。

画鸡 (huà jī)

[明] 唐寅 (míng táng yín)

头上红冠不用裁，
tóu shàng hóng guān bú yòng cái

满身雪白走将来。
mǎn shēn xuě bái zǒu jiāng lái

平生不敢轻言语，
píng shēng bù gǎn qīng yán yǔ

一叫千门万户开。
yí jiào qiān mén wàn hù kāi

注释

将：助词，用在动词和“进来、出去”等表示趋向的补语中间。

平生：平常。轻：轻易。

译文

头上火红的鸡冠不用特别裁剪，
全身披着洁白的羽毛走过来。
平时公鸡不会轻易发出鸣叫，
它一鸣叫，千家万户的大门都将打开。

诗的解读

唐寅，字伯虎，号六如居士，吴县（今属江苏）人，明代画家、文学家。唐寅的形象，经常出现于影视作品之中。唐寅和祝允明、文徵明、徐祯卿被誉为明代的“吴中四才子”。这首《画鸡》与骆宾王的《咏鹅》有异曲同工之妙，都是描写动物的。

这首诗，是一首写在画上面的诗。前面有一首郑燮的《竹石》也是写在画上的诗。这样的诗，叫“题画诗”。唐寅擅长作画，这首诗就是他为自己所画的公鸡而写的。这首诗里的鸡，特指公鸡。请你想一想，公鸡和母鸡外形上最大的区别是什么？没错，就是公鸡头上红色的鸡冠。

诗人说，“头上红冠不用裁”。公鸡头上红色的鸡冠，非常漂亮。鸡冠都是天生的，根本不需要去裁剪。另外，诗人所画的这只公鸡是一只白公鸡。画中，这只身披洁白羽毛的公鸡正昂首挺胸地走过来。古时候，公鸡是人们的好帮手。它就像我们用的闹钟，可以叫人起床。

因此，诗人最后说了一句，“一叫千门万户开”。公鸡平时不会轻易鸣叫，它只在清晨天亮的时候发出叫声。公鸡的这一声鸣叫，叫“打鸣”。公鸡一打鸣，人们就知道天亮了，该起床了。这时，随着公鸡的打鸣声，家家户户的大门就陆续打开了。古人忙碌的一天，就这样开始了。

zhōu yè shū suǒ jiàn
舟夜书所见

qīng zhā shènxíng
[清] 查慎行

yuè hēi xiàn yú dēng
月黑见渔灯，
gū guāng yì diǎn yíng
孤光一点萤。
wēi wēi fēng cù làng
微微风簇浪，
sàn zuò mǎn hé xīng
散作满河星。

注释

舟夜书所见：夜晚在船上记下所看见的景象。
月黑：没有月光的夜晚。
孤光：孤零零的灯光。萤：形容光亮像萤火虫的光一样微弱。
微微：细微的。簇：聚集。
散：散开。

译文

没有月光的夜晚里，只见渔船的灯亮着，
渔灯孤零零地亮着，像萤火虫的一点光。
微微清风吹过河面，簇集着河上的波浪，
灯火倒影破碎散开，就像星星洒满河中。

诗的解读

查慎行，初名嗣琏，字夏重，号查田；后改名慎行，字悔余，号他山，浙江海宁人，清代诗人。这首诗的题目叫《舟夜书所见》，说明诗人是在夜晚的船上写下了自己所见的景象。这首诗里“月黑”，和卢纶的《塞下曲》中的“月黑”一样，是说没有月光的夜晚。只有渔灯在河上孤单地亮着，就像萤火虫发出的光一样微弱。

坐在船上，诗人看着周围的风景。这个夜晚，没有月光，除了渔灯，只剩下风。风吹过河面，簇集着波浪。“微微风簇浪”这句里有一个“簇”字。簇，是聚集、簇拥的意思。诗人用这个字，让人觉得风就像有一双手，吹过河面的时候，把原本平静的河面推着、挤着，弄出了浪花。

南熊叔叔最喜欢最后一句“散作满河星”。这句话是什么意思呢？我们可以想象一下，夜晚的渔灯照在水面上，原本是一整片的光亮。不料，风一吹，有了浪花，渔灯的倒影一下就破碎得散开了，变得到处都是，就像河里全都是星星一样。这样的景色，你是不是也觉得很美呢？

长相思

cháng xiāng sī

[清] 纳兰性德

qīng nà lán xìng dé

shān yì chéng shuǐ yì chéng
山一程，水一程，
shēn xiàng yú guān nà pàn xíng
身向榆关那畔行，
yè shēn qiān zhàng dēng
夜深千帐灯。

fēng yì gēng xuě yì gēng
风一更，雪一更，
guō suì xiāng xīn mèng bù chéng
聒碎乡心梦不成，
gù yuán wú cǐ shēng
故园无此声。

注释

长相思：词牌名。

榆关：原泛指边塞，这里指山海关。

那畔：那边，这里指关外。畔，边、旁。

译文

跋山涉水，走过一程又一程，
将士们向着山海关外前进，
黑夜中只有数不清的军帐里亮着的灯火相伴。

风雪交加，刮了一更又一更，
吵碎了思乡的心绪和梦境，
家乡是没有这样的声音的。

诗的解读

纳兰性德，字容若，号楞伽山人，满洲正黄旗人，清代著名词人。原名纳兰成德，父姓叶赫那拉氏，母姓爱新觉罗氏。自幼饱读诗书，文武兼修。康熙年间进士，官至一等侍卫深受康熙皇帝的重视，经常跟随皇帝出巡。只是，天不假年，30 岁就去世了。

南熊叔叔用了一个成语“天不假年”，意思就是上天不赐予足够的年寿。多用作悼惜人不幸早逝之辞。这下，你又学会一个成语啦。1682 年，阴历二月，作为一等侍卫的纳兰性德随康熙皇帝出关东巡，祭祀祖先。塞上风雪凄迷，纳兰性德写下这首词，表达了自己对故乡和家人的思念。

这首词里有几个词需要讨论一下。一个是“榆关”，就是山海关，在今天河北省秦皇岛市东北约 15 千米处。那畔，就是那边。我们常说“湖畔”，也就是湖边。下阕的“聒”字，是指声音嘈杂，使人厌烦。最后，重点跟大家说一说“风一更，雪一更”的“更”字。

古代人的计时单位有年、季、月、旬、日等。“更”，也是古代人的计时单位，不过只用在夜里。以前，一夜的时间是有规定的，大概为 10 个小时，从每天晚上大约 7 点开始到第二天清晨 5 点。一夜的 10 个小时平均分成 5 份，每份为一更。晚上 7 点到 9 点叫“一更天”，往后以此类推。古代，有专门报时

的人，会半夜上街打梆子或敲锣。

在影视作品中，我们常听到古代人说一个时辰、两个时辰之类的话。旧时把一昼夜分为十二段，每段叫作一个时辰，合现在的两小时，用地支作名称。从夜间十一点算起，半夜十一点到一点是子时。在这首词里，词人说，“风一更，雪一更”。意思是这一晚风雪交加，没完没了。

现在，我们可以更好地理解这首词了。这一路上，词人向山海关那边前行。跋山涉水，走了一程又一程。晚上，军队就驻扎在野外。“夜深千帐灯”，说的便是夜晚军队在野外搭建的无数亮着灯的军帐。这时，词人开始思念故乡了。

结果，又是刮风又是下雪，声音非常嘈杂。因此，词人说，“聒碎乡心梦不成”，吵碎了自己思念故乡的心绪和梦境。“故园无此声”，是说家乡是没有这些声音的，更进一步激发了词人的思乡之情。

跟着大诗人读通古诗词

李白的逍遥

南熊 编著

走进大诗人
跌宕起伏的一生

读通小学古诗词
112首

化学工业出版社
·北京·

图书在版编目（CIP）数据

跟着大诗人 读通古诗词.李白的逍遥/南熊编著. —北京：化学工业出版社，2022. 9
ISBN 978-7-122-41869-2

Ⅰ.①跟… Ⅱ.①南… Ⅲ.①古典诗歌-中国-小学-教学参考资料 Ⅳ.①G624.203

中国版本图书馆CIP数据核字（2022）第128616号

责任编辑：张 曼
责任校对：杜杏然
书籍设计：尹琳琳

出版发行：化学工业出版社
(北京市东城区青年湖南街13号 邮政编码100011)
印 装：中煤（北京）印务有限公司
787mm×1092mm 1/16 印张20 字数500千字
2023年5月北京第1版第1次印刷

购书咨询：010-64518888
售后服务：010-64518899
网 址：http://www.cip.com.cn
凡购买本书，如有缺损质量问题，本社销售中心负责调换。

定 价：139.00元（全5册）

目录

诗词游乐场　42

走进李白的一生

以前，他想当一个大侠

在中国，李白是一位家喻户晓的大诗人。

公元701年，李白出生，祖籍陇西成纪（今甘肃秦安），家中排行第十二。李白，字太白，号青莲居士，也被称作“谪仙人”。“谪仙人”是什么意思呢？意思是说，他是天上被贬下凡的神仙。这是大诗人贺知章说的。贺知章是李白的伯乐，对他有知遇之恩。后来，正是贺知章向朝廷推荐了李白。这件事，后面会讲到。

很多古代文人都有“字”。李白的字就是“太白”。我们现在统称的“名字”，古时候是要分开的。名就是名，字就是字。那么，什么是“字”呢？字，也叫“表字”，是指在本名以外所起的名字。有的字，是用来解释大名的；有的字，是用来赋予一些意义的，比如一个人很正直，就会取一个表示其品行端正的字。

名，是出生的时候取的，跟我们现在一样。字却不同。现在当一个孩子到了18岁，我们就说他长大成人了。古时候的标准不一样，男孩20岁成人，女孩15岁成人。这个时候，古人就会取“字”，用来供别人平时称呼自己。古人说话都很含蓄，在别人成人之后直呼其名，往往是很不礼貌的。

相对于“字”，“号”就简单一些了，是古代文人给自己取的一个称号，没有什么限制，一般是根据自己的兴趣、志向等来取的。李白的号叫“青莲居士”。什么是居士？信佛之人，没有出家，自己在家修行的，就叫居士。李白的号很简单，“青莲”是他幼年成长的地方。

关于李白的出生地一直都有争议。主要有两种说法。一种是唐代的碎叶城，位于现在的吉尔吉斯斯坦的托克马克市附近。另一种是唐代的剑南道绵州昌隆的青莲乡，也就是现在的四川江油。剑南道中的“道”和绵州中的“州”是唐代行政区划的单位名称，大致相当于现在所说的“省”和“市”。如今，江油是一个县级市。

不过，李白成长于江油，却是公认的。根据文献记载，李白的眼窝很深，鼻子很尖，个子不高。另外，李白会外族语言，父辈也是从碎叶搬迁而来的。因此，有专家推测李白很有可能有中国少数民族的血统。

李白的父亲李客是个成功的商人。李白 4 岁开始读书。他天生聪慧，触类旁通。小小年纪，便可诵读“六甲”。六甲，是一种方术书，有点儿像现在占卜、星相之类的书。跟现在的孩子相比，李白识字的年纪并不算早。不过，李白可是生活在 1300 多年前哦。4 岁时就能读方术书，已经很了不起了。

小时候，李白特别调皮。虽然他喜欢读书，但是并不喜欢课堂。有一天，他从学堂偷跑出去玩。走到小溪边，看到有个婆婆拿着一根大铁棒在石头上磨。李白觉得奇怪，就上前问：“婆婆，你在干什么呀？”婆婆说：“我要把这个铁棒磨成一根针。”李白就问：“这么粗的铁棒能磨成针吗？”

婆婆说：“只要每天坚持磨一点儿，总有一天会把铁棒磨成针的。”李白听到之后，非常感动，立刻回到了学堂里专心念书。他想，连年迈的婆婆都能坚持下去，要把一根铁棒磨成针，作为孩子，当然要更加努力才行。婆婆让李白懂得了一个道理：只要功夫深，铁杵磨成针。有了决心，肯下功夫，再难的事情也能成功。

少年时期的李白非常活泼。那时，李白喜欢练武，最擅长的是剑术。时而吟诗，时而舞剑。17 岁，李白来到家乡附近的梓州，跟随一位师父学习纵横术。少年李白的心中，藏着一个行侠仗义、浪迹江湖的梦想。

他去过很多地方，有过很多朋友

年轻时的李白喜欢上了旅行。他先后去了成都，爬了峨眉山，然后乘船东行，抵达渝州，就是现在的重庆市。之后，李白带着一把剑，离开了故乡四川，再也没有回来过。李白胸怀大志，想把自己的文才武艺献给大唐王朝。因此，他无畏无惧，踏上远游之旅，一路向东，去往楚地。

楚地就是春秋时楚国的领地，大致相当于现在湖北、湖南附近的地区。他去了很多地方。潜江的章华台、鄂州的赤壁古战场、汉阳（今湖北省武汉市汉阳区）的黄鹤楼、巴陵（今湖南省岳阳市）的岳阳楼，他都去过。然后，又一路到了江南。李白的诗歌名篇《望庐山瀑布》和《望天门山》便创作于这个时期。

wàng lú shān pù bù

望庐山瀑布

táng lǐ bái

［唐］李白

rì zhào xiāng lú shēng zǐ yān
日照香炉生紫烟，
yáo kàn pù bù guà qián chuān
遥看瀑布挂前川。
fēi liú zhí xià sān qiān chǐ
飞流直下三千尺，
yí shì yín hé luò jiǔ tiān
疑是银河落九天。

注释

庐山：中国名山，位于江西省九江市。

香炉：庐山香炉峰。

川：河流。

三千尺：虚指，形容很高。

九天：九重天，指高空。

译文

太阳照在香炉峰上，升起了紫色的烟雾，
站在远处看着瀑布，像一长河挂在山川。
从几千尺高的地方，瀑布的水倾泻而下，
就像是天上的银河，从九重天上落下来。

诗的解读

你知道庐山在哪儿吗？庐山在江西省九江市。江西这个地方有很多美景，除了庐山，还有滕王阁、鄱阳湖等。李白的这首诗写的是他游玩庐山观看瀑布时的感受。写这首诗时，李白还是一个无忧无虑的年轻人，他赞美景色的壮观，能看得出来李白心情不错。

第一句里的“香炉”容易误解。它说的是，庐山一座叫“香炉峰”的山峰，不是烧香用的香炉。阳光照在山峰上，光线充足的时候，感觉雾气腾腾的。诗人说“生紫烟”。怎么会有紫色的烟呢？雨后天空中常有七种颜色的彩虹，诗人看的时候没有下雨，光线的变化让人觉得有一种紫色的感觉也不稀奇。

还有，第三句里的“三千尺”，说的是庐山很高。三千尺有多高？唐代的三尺约等于现在的九十厘米，三千尺约为九百米。诗人只是打个比方，不是说庐山真的是三千尺高。其实，庐山最高的汉阳峰，海拔 1474 米。古诗词里出现的数字，一般是表示所要形容的事物的程度，不是真实的数据。这种情况后面我们还会遇到多次。

最后，第四句里的“九天”是什么意思呢？古时候有一种传说，说天有九层，一层比一层高，第九层就是最高的天。因此，有九重天的说法，也被说成“九天”“九霄”。如果说九天，感觉不大容易理解，那么说“九霄云外”这个成语，你一定不陌生。

你是不是把什么事情忘到九霄云外去了啊？这样的句子，你肯定听过吧？“九霄云外”的意思就是在九重天的外面。那就是说，已经很远很远，远得无影无踪了。要是有人说，你把什么事情忘到九霄云外，肯定是说你把事情忘得干干净净，一点儿都不记得了。

wàng tiān mén shān

望天门山

táng lǐ bái

［唐］李白

tiān mén zhōng duàn chǔ jiāng kāi

天门中断楚江开，

bì shuǐ dōng liú zhì cǐ huí

碧水东流至此回。

liǎng àn qīng shān xiāng duì chū

两岸青山相对出，

gū fān yí piàn rì biān lái

孤帆一片日边来。

注释

天门山：今安徽省东梁山和西梁山的合称。东梁山在今芜湖市，西梁山在今马鞍山市，两山隔江相对，像天然的门户。

楚江：长江中下游部分河段在古代流经楚地，所以叫楚江。开：分开，分离。

至此回：长江东流经过天门山向北转向。回，回转。

日边：太阳的附近，形容水天相接的远处。

译文

长江之水滚滚而来，把天门山从中断开，

绿色江水向东奔流，流到此处北折而去。

两岸青山巍峨高耸，默默相对立在江边，

远处出现一只小船，像从太阳那边过来。

诗的解读

李白喜欢旅行，游山玩水，怡然自得。去过庐山之后，他又去游玩了天门山。写这首诗的时间和写《望庐山瀑布》的时间相差不远，都是在李白年轻的时候。

天门山很有趣，指的不是一座山，而是两座。因此，天门山是两座山合并在一起的总称。东边的叫东梁山，西边的叫西梁山，合在一起才叫天门山。这两座山就像站在长江旁边的两个巨人，你看我，我看你，脚下流过滚滚长江水。

唐诗按照题材划分，主要分为：写景抒情诗、咏物言志诗、即事感怀诗、怀古咏史诗、边塞征战诗五种。725 年，李白写下这首诗。李白的这首诗，题目就叫《望天门山》，写的是山水景色，因此，它是一首写景抒情诗。

肯定有人会问，诗人明明写的是楚江，怎么译文中说是长江呢？答案很简单，因为在春秋战国时期，中华大地上有很多诸侯国，长江流经楚国，所以诗人便用“楚江”来指代这一段长江。读这首诗时，不知道你有没有感到身临其境，好像我们也在现场一样，看到长江流过天门山两座山中间的样子。

李白继续向东旅行，往扬州（今江苏省扬州市）出发。李白在扬州大病一场。不过，疾病不能阻碍他的旅行。李白不怕病痛，永不服输。当时，在扬州一家旅馆里，李白写下了千古佳作《静夜思》。到了冬天，他的病才好转。然后，他去了北方的汝州（今河南省汝州市）。

jìng yè sī
静夜思

táng lǐ bái
[唐]李白

chuáng qián míng yuè guāng
床前明月光，

yí shì dì shàng shuāng
疑是地上霜。

jǔ tóu wàng míng yuè
举头望明月，

dī tóu sī gù xiāng
低头思故乡。

注释

静夜思：夜深人静时的乡思。

举：抬起。

疑：怀疑，这里是好像、犹如的意思。

译文

夜晚的月光照在床前十分明亮，

看着好像地上有一层白色的霜。

抬头时仰望着天上明亮的月亮，

低头时思念着自己远方的故乡。

诗的解读

这首诗太有名了，是唐诗里面非常有名的一首，很多人可能小时候就会背诵了。这首诗，简单又朴素，可能自己背着背着，就懂诗的意思了。诗的语言一点儿也不复杂。只有第二句的“疑”字，你可能会问是不是怀疑的意思呢？其实，可以这样理解，不过最好不要这样解释。

为什么呢？按照怀疑的意思来理解呢，就是月光照在床前落在地上，诗人觉得太美了，美到令他怀疑是地上长出了一层霜。可是，李白自然明白地上只是月光，肯定不会怀疑。那么，这个字最准确的解释应该是“好像”，地上的月光，好像一层霜。

那“霜”又是什么呢？霜是指在气温降到0℃以下时，接近地面空气中所含的水汽在地面物体上凝结成的白色冰晶。

路上，李白认识了李邕（yōng）。李邕不仅是非常有名的书法家，也是所在地方的父母官（陈州刺史）。李白才华横溢，想做一番事业，于是他主动前去拜访了李邕，希望能够在李邕的引荐之下，报效国家。可惜没有结果。

还好，远在异乡的李白，认识了一个朋友，那就是大诗人孟浩然。那时，孟浩然可比李白有名得多。孟浩然的一首《春晓》名垂千古。虽然他比李白年长十几岁，但是两个人彼此欣赏，很快成了好朋友。

chūn xiǎo

春晓

táng mèng hào rán

［唐］孟浩然

chūn mián bù jué xiǎo

春眠不觉晓，

chù chù wén tí niǎo

处处闻啼鸟。

yè lái fēng yǔ shēng

夜来风雨声，

huā luò zhī duō shǎo

花落知多少。

注释

晓：天刚亮的时候。

闻：听见，听到。

夜来：夜间。

译文

春天一觉睡到天破晓也没察觉，

醒来听见到处都是鸟儿在鸣叫。

回想起昨天夜里的阵阵风雨声，

不知道花在风雨中凋落了多少。

诗的解读

孟浩然，字浩然，号孟山人，湖北襄阳人，也被人称作“孟襄阳”。不过，浩然是他的字，本名是什么竟然没有流传下来，至今都是个谜。这件事真令人感到遗憾。虽然有人说“浩”是他的名字，但是这个观点没有被所有人认同。现在，我们来一起欣赏孟浩然的这首《春晓》吧。

李白认识孟浩然时，自己还很年轻。那时，孟浩然比李白有名。孟浩然是唐代著名的山水田园诗人。算起来，李白是孟浩然的晚辈。孟浩然年轻时隐居在一个叫鹿门山的地方。这首诗就是孟浩然隐居在那里时写的。

孟浩然的这首诗写得行云流水，也很直白，理解起来没有那么困难。读着读着，我们就能感受到诗人对春天的喜爱之情。民间流传着“春困”这个说法，意思就是春天非常温暖，人们容易打瞌睡。孟浩然的《春晓》写的就是诗人春天睡醒之后的感受。

诗人说，“春眠不觉晓”。睡着睡着，天破晓了都还不知道。这说明诗人睡得很安稳。醒来之后，“处处闻啼鸟”，听着到处都是鸟叫声。什么地方有鸟叫声呢？当然是树林里。诗人是隐居在鹿门山时写的这首诗。山中树林茂盛，听到鸟叫声最正常不过了。可惜呀，“夜来风雨声”。昨天晚上风雨交加，诗人说，“花落知多少”，不知有多少花因此凋落。

鹿门山在哪里？鹿门山在湖北省襄阳市城东南约15公里处，原名苏岭山，有诗山、隐山、佛山之称。因汉末名士庞德公，唐代著名诗人孟浩然、皮日休相继在此隐居而闻名遐迩，后人称鹿门山为“圣山”。有机会，你可以和爸爸妈妈一起去探访，看看孟浩然隐居过的地方是什么样子。

李白的第一任妻子是许氏。因为古代女子的名字很少会被记录，所以出嫁之后都称为“氏”，并与父亲的姓氏组合相称。显然，许氏的父亲姓许。许氏出身名门，祖父许圉（yǔ）师是唐太宗时期的宰相。李白入赘许家，和许氏结婚，居住在安陆（今湖北省安陆市）寿山。

在安陆，他们住了十年。

许氏为李白生了一双儿女。女儿平阳。儿子伯禽。李白一生有过两任妻子。数年之后，许氏去世，他有了第二任妻子。第二任妻子是唐高宗时的宰相宗楚客的孙女宗氏。安史之乱爆发后，李白携宗氏南下。晚年，

李白曾因李璘案入狱。为了营救丈夫，宗氏拼尽全力。

730年，春天刚刚到来，身在安陆的李白，得知好友孟浩然要去广陵（今江苏省扬州市），于是托人带信，与孟浩然约定，在江夏（今武汉市武昌区）相会。几天后，孟浩然乘船东下，李白亲自送到江畔，足见二人友谊深厚。那日送别，李白写下了那首著名的《黄鹤楼送孟浩然之广陵》，至今广为流传。

huáng hè lóu sòng mèng hào rán zhī guǎng líng
黄鹤楼送孟浩然之广陵

táng lǐ bái
[唐] 李白

gù rén xī cí huáng hè lóu
故人西辞黄鹤楼，
yān huā sān yuè xià yáng zhōu
烟花三月下扬州。
gū fān yuǎn yǐng bì kōng jìn
孤帆远影碧空尽，
wéi jiàn cháng jiāng tiān jì liú
唯见长江天际流。

注释

黄鹤楼：位于湖北省武汉市。之：到，去。广陵：广陵郡，今江苏省扬州市一带。

故人：旧友，好朋友。

烟花：泛指春天的景色。下：到，去。

碧空尽：（消失）在水天相接的尽头。

唯：只，仅。

译文

老朋友告别黄鹤楼，一个人向东出发了，
在春光灿烂的三月，顺流而下去往扬州。
那条船孤独地远行，消失在水天的尽头，
最后只能远远看见，长江之水流向天边。

诗的解读

这首诗是李白和孟浩然之间深厚友谊的一个证明。那时，两人已经认识好几年了，李白也已结束了旅行，回到了安陆。李白得知孟浩然要去一趟扬州，自己和他又不在一个地方，于是两人约定在离双方都近一点儿的地方见面。

这首诗写于730年，是李白在武汉和孟浩然见面之后分别的时候写的。从这首诗的题目，我们就知道，他们分别的地方就是武汉的黄鹤楼。“黄鹤楼送孟浩然之广陵”就是说，在黄鹤楼送孟浩然去广陵。在这里，“之”是“去”的意思。广陵，就是今天的扬州。

黄鹤楼位于武汉市武昌区一座叫蛇山的山顶上，始建于223年。只不过，原来的黄鹤楼已经被毁掉了。现在我们看到的黄鹤楼是1985年重新修建的。湖北武汉的黄鹤楼、江西南昌的滕王阁和湖南岳阳的岳阳楼，并称为“江南三大名楼”。

这首诗，你可能觉得有点儿难懂。比如，什么是“故人”？故人，就是老朋友。为什么明明是“故人西辞黄鹤楼”，我们却要译成，老朋友向东出发呢？因为“西辞”是说面向西边告别。既然是向西边告别，那么一转身，就是向东出发。

第二句里的“烟花”，也不是我们在节日时燃放的烟花。它是说阴历三月里的景色，就像烟花一样绚烂。这个时候，孟浩然坐着船顺流而下，去了扬州。长江，就是从西边向东边流淌，最后汇入了大海。武汉在扬州的西边，位于扬州的上游。水流自然是从上游的武汉向下游的扬州流淌。

这里的“三月”，南熊叔叔刚才说是阴历三月。我们先聊一聊古诗词里常常出现的月份。中国计算时间的历法分为公历和农历（俗称阴历）。中国是从1912年起开始使用公历的。

这说明，古诗词里写的月份全部都是农历。那么，什么时候分别使用公历、农历呢？平时，我们说生日是几月几日，说的都是公历。谈论中国的传统节日，比如春节、中秋节等，都是按照农历来计算日子的。这句“烟花三月下扬州”里的三月是农历三月，一般大概在公历四月左右。

孟浩然的船越来越远，李白一直站在岸边没有走，目送老朋友慢慢离开，直到消失。我们是怎么知道李白一直没有走的呢？因为最后两句诗证明了这一点。李白说，孟浩然坐的那条小船一点一点驶向远方，直至孤单的船帆在阳光照射下留在江面的影子，消失在碧水蓝天相交的尽头，最后只剩滚滚长江，流向天边。

一辈子都想做个有傲骨的人

李白雄心不灭，再次去求官。这次，李白拜访的人是裴长史。只是，天才并不一定会让所有人都喜欢。欣赏他的人，会包容他的缺点。不喜欢他的人，会夸大他的不好。原本，他和裴长史算是朋友。然而，那些不喜欢李白的人，总在裴长史的面前陷害李白。

时间一久，裴长史也没有办法再为李白开脱了。哪怕李白亲自写信给裴长史证明自己的清白，最终仍然没得到裴长史的信赖，没有受到举荐。于是，李白为了前途，决定亲自去往都城长安（今陕西省西安市）。初到长安时，李白在长安城南边的终南山上隐居过一段时间。

隐居期间，他认识了一个姓崔的官场中人。此人介绍李白和以前的宰相张说相识。此时，张说已经退休。他的儿子张垍（jì）仍在朝中做官。张说见李白有才，介绍儿子与他认识。可是，张垍并不喜欢李白。他只是将李白安排在玉真公主的别馆小住，没有真的帮助他。

为什么张垍作为一个官员可以动用玉真公主的别馆呢？因为张垍是当朝驸马，也就是当朝皇帝唐玄宗的女婿。他的妻子是唐玄宗的八公主兴信公主，玉真公主则是唐玄宗的妹妹。说起来，玉真公主是张垍妻子的姑妈。对他来说，出入玉真公主的别馆也是平常的事。

无奈之下，李白只能自己四处奔走。作诗献赋，都没结果。李白没有出人头地，开始变得灰心，长日流连长安酒肆，醉酒度日。后来，李白决定，再次踏上旅途。他先后在汴州、宋州一带游历。

几年后，妻子许氏病逝，李白结束了在安陆的生活。他带着一双儿女，移居山东任城（今山东省济宁市），住了多年。李白崇尚自由，苦难没有磨灭他的心志。李白跌倒之后，拍拍身上的灰尘，重新站了起来。李白一生交友广泛，五湖四海的朋友都有。然后，他遇到了贺知章。

没错，就是那个留下《咏柳》《回乡偶书》等绝妙好诗的大诗人贺知章。后来，李白重新回到了长安。对了，李白除了擅长写诗、舞剑，还有一颗修道之心。常常有人用“仙风道骨”四个字评价李白，形容他的气质就像天上的仙人一样。他正是在长安著名的道观紫极宫里，遇见了贺知章。

yǒng liǔ
咏柳

táng hè zhī zhāng
[唐]贺知章

bì yù zhuāng chéng yí shù gāo
碧玉妆成一树高，
wàn tiáo chuí xià lǜ sī tāo
万条垂下绿丝绦。
bù zhī xì yè shuí cái chū
不知细叶谁裁出，
èr yuè chūn fēng sì jiǎn dāo
二月春风似剪刀。

注释

碧玉：翠绿的玉石。碧，翠绿。妆：修饰，打扮。一树：整棵树。一，全、满、整个。

丝绦：以丝线编结的花边或带子。这里指碧绿柔嫩的柳条。

译文

树叶就像绿玉一样，点缀了一整棵柳树，
数不清的柳树枝条，像垂下绿色的丝带。
不知道细细的树叶，是什么人裁出来的，
原来是二月的春风，像剪刀一样剪成的。

诗的解读

贺知章，字季真，自号四明狂客，人称“诗狂”，浙江萧山人，唐代大诗人。有个成语叫“金龟换酒”，形容为人豁达、纵情喝酒。它说的就是李白与贺知章的故事。贺知章十分欣赏李白。有一次，他想请李白喝酒，可是身上没有带钱。因此，他取下自己身上的“金龟”，用它换来好酒，和李白一起畅饮。

什么是金龟？它是一种装饰品。在唐朝，官员身上会佩戴象征着官衔和地位的装饰品。三品以上的高官会穿紫色的袍子，佩戴鲤鱼形状的金符。武则天时，鲤鱼形状的金符改成了乌龟形状的金符，被称为“金龟”。这个东西十分珍贵。因此，贺知章把它拿去换酒，请李白喝，足以证明他特别欣赏李白。

贺知章当过礼部侍郎，去世之后还被皇帝追封为礼部尚书。礼部尚书官位很高。而且，他还是一位很有才华的大诗人。这首《咏柳》大家耳熟能详。

春天来了，柳树碧绿，枝条一根一根随风摇曳。诗人说，此时的柳树，就像用绿色的玉石点缀起来一样。柳树的树叶小小的，每一片的形状都非常精美。树叶是树木自己生长出来的。不过，贺知章的想象力很丰富，他把春天的风想象成一把剪刀。他说，这么精美的细叶是什么人裁出来的呢？原来是被二月春风剪出来的。

huí xiāng ǒu shū

回乡偶书

tóng hè zhī zhāng

[唐]贺知章

shào xiǎo lí jiā lǎo dà huí
少小离家老大回，
xiāng yīn wú gǎi bìn máo shuāi
乡音无改鬓毛衰。
ér tóng xiāng jiàn bù xiāng shí
儿童相见不相识，
xiào wèn kè cóng hé chù lái
笑问客从何处来。

注释

偶书：就偶然所见，而即景抒怀。

少小：年少的时候。老大：年老的时候。

乡音：家乡的口音。鬓毛衰：两鬓的头发变得稀疏。衰，稀疏脱落。

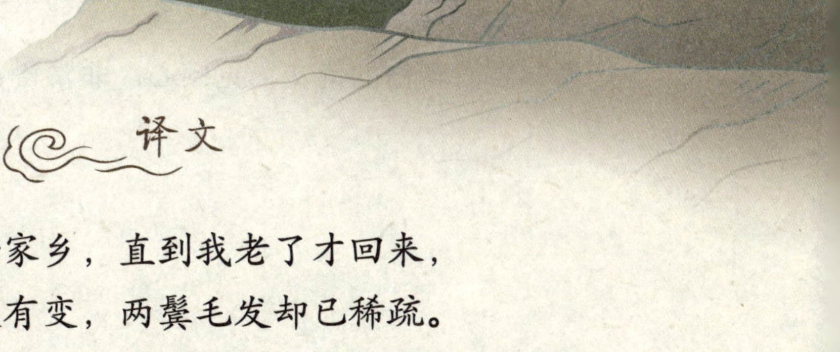

译文

我年少时离开家乡，直到我老了才回来，
家乡口音还没有变，两鬓毛发却已稀疏。
家乡的孩子看见我，已不认识我这个人，
笑着问，这位客人您是从什么地方来的？

诗的解读

贺知章年少时诗文就很出名。古代通过考试选拔官吏的制度，被称为“科举”。贺知章参加科举考试，一举夺魁，成为状元。状元，就是殿试第一名。第二名叫榜眼，第三名叫探花。贺知章的仕途非常顺利。

多年后，贺知章辞去朝廷官职，告老还乡，回到故乡越州永兴。回乡之后，他写下了这首《回乡偶书》。这首小诗不难懂。一个人年轻的时候出去打拼，在官场几十年，什么人都见过，什么事情都经历过。老了之后，依然怀念故乡。

诗人回到了那个生他、养他的地方。只是，这次回来让他感受颇多。第二句里的“鬓”，就是我们面颊两边靠近耳朵前面的地方。“衰”就是稀疏、脱落的意思。诗人来自家乡的口音还没有变，可是人已经老了，两鬓的毛发也稀疏脱落了。

家乡的孩子们都不认识他了，还跑来笑着问他：“这位客人，您是从哪里来的呀？”这让他怎么回答呢？从京城来的吗？可是，他本来就是这里的人啊。哪怕家乡的孩子们都不认识他了，他还是愿意回来。

贺知章是李白的前辈。年轻时，贺知章可是科举考试的状元，这个身份足以让他深得朝廷重视。与李白相遇的时候，贺知章已经身居高位。一路以来，都没有被人赏识的李白，鼓起勇气向贺知章毛遂自荐。正是李白这种不轻易放弃的精神，才最终支撑他遇到了贺知章。

贺知章对李白的诗文一见倾心，非常赞赏。在他的推荐下，李白终于被唐玄宗召见，进入翰林院任职。据说，曾经收到过李白诗文的玉真公主也一起向唐玄宗推荐了李白。李白的求官之路堪称传奇。你一定想知道，翰林院到底是一个什么样的地方呢？在那里工作需要做些什么？

通常来说，只有非常有学识的人才能进入翰林院工作。他们最主要的工作就是帮皇帝起草诏书。因此，在翰林院工作的人其实没有什么真正的权力。李白则因为才华出众，受到唐玄宗的重视，会参加一些皇帝的宴席，陪伴皇帝左右，为皇帝吟诗作赋。

没想到，李白再次因为被人嫉妒，惨遭陷害，导致唐玄宗慢慢不再重视他。不久之后，李白离开长安，结束了自己虽然短暂却辉煌的翰林生涯。或许，李白心中还有遗憾。不过，此时的李白已是名满天下的大文豪了。离开了朝堂，他也得到了自由。

就算我老了，也要追求自己的梦想

不久后，李白和杜甫在洛阳相遇了。那时，杜甫很年轻。他比李白小十来岁，当时还没有名气，十分崇拜李白。面对杜甫的崇拜，李白一改曾经的骄傲，对杜甫关心有加，也很欣赏杜甫的才华。

在洛阳，他们一起谈古论今，吟诗作赋，还相约要一起去梁宋（今河南省开封、商丘一带）会面。这一年秋天，两人如约相聚，半路上还碰见另外一位诗人高适。高适也很有才华，他写的那一首《别董大》也是流传至今的好诗。高适和李白、杜甫都很谈得来，三个人聊诗歌、谈梦想，相处得十分融洽。

bié dǒng dà

别董大

táng gāo shì

［唐］高适

qiān lǐ huáng yún bái rì xūn

千里黄云白日曛，

běi fēng chuī yàn xuě fēn fēn

北风吹雁雪纷纷。

mò chóu qián lù wú zhī jǐ

莫愁前路无知己，

tiān xià shuí rén bù shí jūn

天下谁人不识君？

注释

董大：指当时著名的琴师董庭兰。

白日曛：太阳黯淡无光。曛，昏黄、黯淡。

莫愁：不要担忧。知己：知心朋友。

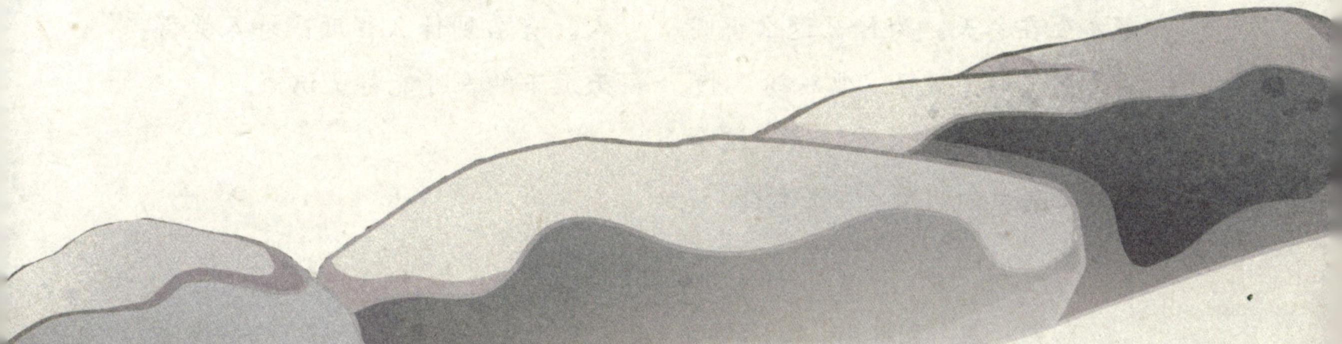

译文

天上千里阴云密布，日光变得一片昏暗，

北风吹着大雁南飞，人间落下纷纷大雪。

别担忧前面的路上，会遇不到知心朋友，

在我们这普天之下，有谁会不认识您呢？

诗的解读

高适，字达夫，沧州渤海县（今河北景县）人，唐代大诗人。董大是当时一个名叫董庭兰的著名琴师。

故事发生的那天，天上一片阴霾。明明是白天，光线却一点点变得昏暗。第一句里的“黄云”和“曛”是什么意思呢？云明明是白色的，怎么会变成黄色呢？只有阴天的时候，云才会变黄、变暗、变灰。所以，黄云就是阴云。曛，就是昏暗。故事发生在冬天。为什么这么说呢？因为第二句里说了“雪纷纷”啊。

阴云密布，大雪纷飞。这个时候，送别一个朋友，肯定有些伤感。可是，诗人很温暖。他不但隐藏了心里的伤感，还去鼓励朋友。虽然是送别诗，但是诗人并没有直接写离愁别绪。仔细读读，尤其是最后两句，反而会让人觉得诗人在鼓励朋友，踏上征途，迎接未来。

诗人说：“不要怕，不要担心未来的路上没有知心朋友。因为，天下之人没有谁不认识您啊！”这下，我们又能确定一件事，就是诗人的这个朋友肯定是个很有名的人。有名到什么程度？诗人觉得，天底下的人可能都认识他。

后来，李白和杜甫、高适分别之后，一个人漫游到了泾县（今安徽省泾县），与故人见面。在泾县的桃花潭，李白写下了著名的《赠汪伦》。汪伦当过泾县的县令，也是李白的好友。既有相见，就有告别。与好友道别，是每个人一生中都会经历的事情。很多年前，李白曾在黄鹤楼边送别了挚友孟浩然。而这一次，是别人送他离开。

zèng wāng lún

赠汪伦

táng lǐ bái

［唐］李白

lǐ bái chéng zhōu jiāng yù xíng
李白乘舟将欲行，
hū wén àn shàng tà gē shēng
忽闻岸上踏歌声。
táo huā tán shuǐ shēn qiān chǐ
桃花潭水深千尺，
bù jí wāng lún sòng wǒ qíng
不及汪伦送我情。

注释

踏歌：古代民间的一种歌唱形式，在唐代较为盛行。歌者一边唱歌，一边用脚在地上踏着打拍子，因此称为“踏歌”。

桃花潭：位于安徽省泾县境内。

不及：比不上。

译文

我正坐着一条小船准备远行，
忽然听见岸上传来踏歌之声。
桃花潭的水啊哪怕有千尺深，
也不及汪伦为我送行之情深。

诗的解读

旅行可以让我们和许多朋友久别重逢。李白旅行到安徽泾县的时候，就和老朋友汪伦见了面。这首诗写的就是李白离开的时候，汪伦为他送行的故事。前面我们讲到《黄鹤楼送孟浩然之广陵》。那一次，是李白为孟浩然送行，离开的是孟浩然。

这一次是汪伦为李白送行，离开的是李白。李白直接把自己的名字写进了第一句。他在桃花潭，正准备坐船离开的时候，听到了岸上传来了踏歌的声音。

为什么是“踏歌”，不是“唱歌”呢？因为，踏歌本来就是一种来自中国民间的传统舞蹈，从汉朝直到唐宋，广泛流传。人们成群结队，手拉手，以脚踏地，踩出鼓点，边歌边舞。踏歌又叫跳歌、打歌等。注意了，虽然又唱又跳，但还是以舞蹈为主。因此，“踏歌”不能简单地说成“唱歌”。

然而，这次李白听到的“踏歌声”，不是一群陌生人在岸上跳舞唱歌，而是他的好朋友汪伦在用“踏歌”的方式，为自己送行。于是，李白说，“桃花潭水深千尺，不及汪伦送我情”。这句话，不是说桃花潭的水刚好一千尺深，而是李白用夸张的手法在表达，哪怕水再深，也比不上汪伦为他送行的这一份情谊深。

几年之后，安稳日子就结束了。李白没有想到，就在自己写下那首脍炙人口的《古朗月行》之后不久，安史之乱爆发。安史之乱是唐朝将领安禄山与史思明背叛朝廷之后发动的一场战争。顾名思义，“安”，指的就是安禄山；“史”，说的便是史思明。战争毁掉了李白。

gǔ lǎng yuè xíng

古朗月行（节选）

táng lǐ bái

［唐］李白

xiǎo shí bù shí yuè

小时不识月，

hū zuò bái yù pán

呼作白玉盘。

yòu yí yáo tái jìng

又疑瑶台镜，

fēi zài qīng yún duān

飞在青云端。

注释

朗月行：乐府旧题。乐府旧题是指汉乐府诗中原有的题目。后代诗人常沿用这类题目并模仿汉乐府的体例作诗。

瑶台：神话传说中神仙居住的地方。

译文

小时候不认识月亮，

把月亮叫作白玉盘。

又怀疑是瑶台神仙用的镜子，

飞在青色层云之间。

诗的解读

这首《古朗月行》一共16句。我们节选的是开头四句，也是最精妙的四句诗。天晴时，晚上常能看到月亮。小时候，南熊叔叔很喜欢看月亮。无论是圆圆的月亮，还是弯弯的月亮，都很美。李白这四句诗，写的是圆圆的月亮。李白不愧是中国古代最著名的大诗人之一，他的想象力极其丰富。

想象力是不可或缺的一种能力。我们可以想象一下，小时候的李白在夜晚抬头看天，看到圆月时托腮思考的样子。李白说，小时候的自己，不知道天空中圆圆的东西是月亮，就把它叫作白玉盘。白玉盘就是白玉做成的盘子，洁白通透，非常好看。听李白这么一说，仔细想想，月亮看上去，还真的很像一个白玉盘呢。

中国神话里，神仙居住在天上一个叫作“瑶台”的地方。因此，李白又觉得，既然神仙和月亮都在天上，说不定月亮是瑶台神仙用的梳妆镜，才能在夜晚飞悬在青灰色的云层中间。李白把月亮想象成一面神仙用的镜子，想象力真是丰富！不过，你一定知道月亮到底是什么。

月亮就是月球。它既不是白玉盘，也不是瑶台镜。月球是地球的天然卫星。古代科技不发达，人们对月亮充满未知。假如可以穿梭到过去，你就可以拉住李白，告诉他，月亮到底是什么啦。

在战争中失去亲人和家园的百姓数不胜数。战争使人们流离失所。为了逃难，李白开始了人生的最后一段行程。李白不知道接下来的这一段路会是自己最后的一程。他也不知道，最后的一段路，自己会遇到什么。他只能尽量跟随自己的心，走一步算一步。

你知道李白坐过牢吗？因为李白曾加入永王的阵营。永王，叫李璘，是唐玄宗的十六皇子。安史之乱中，永王带领军队抵抗叛军。当时太子李亨已在灵武即位，是为肃宗，改元至德。李璘势力不断扩大，为肃宗所忌，令其归蜀。李璘不从，引兵东下。三次邀李白加入。最终，李白加入永王阵营，想要有所作为。不料此后李璘与肃宗刀兵相见，很快败亡，李白也受牵连入狱，后被流放夜郎（今贵州省桐梓县）。李白从浔阳出发，流放途中，李白慢慢明白人生的自由有多么重要。之所以人们评价李白说他狂放，是因为他心胸宽广，哪怕在流放的路上，他也不忘在苦难中欣赏湖光山色。

流放的路上，李白遇到了王昌龄。在李白平生结交的朋友里，王昌龄也是非常重要的一位。因为有一个共同的好友孟浩然，他们也成了很好的朋友。在写诗方面，虽然李白名气更大，但是论写七言绝句，王昌龄的水平不比李白差。他的《出塞》《芙蓉楼送辛渐》就是最好的证明。

chū sài

出塞

táng wángchāng líng

［唐］王昌龄

qín shí míng yuè hàn shí guān

秦时明月汉时关，

wàn lǐ cháng zhēng rén wèi huán

万里长征人未还。

dàn shǐ lóng chéng fēi jiàng zài

但使龙城飞将在，

bú jiào hú mǎ dù yīn shān

不教胡马度阴山。

注释

出塞：乐府旧题。塞，边关。

但使：只要。龙城飞将：汉朝大将卫青曾在龙城大败匈奴；汉朝大将李广也曾多次击败匈奴，被匈奴人称为“飞将军”。这里泛指英勇善战的将领。

教：令，使。胡马：指侵扰中原的北方游牧民族骑兵。阴山：位于今内蒙古中部及河北北部。度：越过。

译文

明月和边关还是秦汉的明月和边关，

远赴万里征讨敌军的将士还没回来。

只要有像卫青和李广这样的大将在，

一定不会让匈奴的骑兵们越过阴山。

诗的解读

王昌龄，字少伯，唐代大诗人。按诗的题材来说，他是唐朝著名的边塞诗人。按诗的体裁来说，他最擅长写七言绝句。这首诗，就是王昌龄著名的七言边塞诗。这里要注意一下“题材”和“体裁”的区别。说他是边塞诗人，不是说他只会写边塞题材的诗，而是说他的诗作是以边塞诗为主。

王昌龄生活在盛唐时期，这首诗写于诗人年轻时去西域的时候。西域通常指的是甘肃省敦煌市阳关、玉门关往西，中国、塔吉克斯坦、阿富汗三国交界处的帕米尔高原以东。帕米尔高原就是古代文人说的“葱岭”。在西域的边关，王昌龄触景生情。这首诗也充满了诗人对祖国忠诚、对外敌蔑视的英雄情怀。

诗人说，他眼前看到的明月和边关，还是秦汉时代的样子，那些不远万里、在外征战的将士们还没有回来。只要有像汉朝的卫青、李广这样的大将在，一定不会让匈奴的军队南下越过阴山。在这首诗里，主要是第三句“但使龙城飞将在”诗人用了一些历史故事，来抒发自己的情感。在写作手法上，这叫“用典”。

其中，“龙城”指大将军卫青。匈奴是战国至两晋时北方的游牧民族。西汉时，卫青曾率军抵御匈奴侵犯，消灭敌军数千人，最后直捣龙城。历史上称为“龙城之战”。龙城是匈奴人祭祀祖先之处，位于现在蒙古国的中部地区。“飞将”指大将军李广，西汉著名将领，骁勇善战，匈奴人都怕他，称他为“飞将军”。

fú róng lóu sòng xīn jiàn
芙蓉楼送辛渐

táng wáng chāng líng
[唐] 王昌龄

hán yǔ lián jiāng yè rù wú
寒雨连江夜入吴，

píng míng sòng kè chǔ shān gū
平明送客楚山孤。

luò yáng qīn yǒu rú xiāng wèn
洛阳亲友如相问，

yí piàn bīng xīn zài yù hú
一片冰心在玉壶。

注释

芙蓉楼：故址在江苏镇江，下临长江。辛渐：诗人的朋友。

寒雨：寒冷的雨。连江：指雨水与江水连成一片。吴：镇江在古代属于吴地。这里泛指镇江一带。

平明：天刚亮。楚山：泛指楚地（今长江中下游）的山。长江中下游在古代曾属于楚地范围。

冰心：像冰一样晶莹、纯洁的心。玉壶：玉制的壶，这里用来比喻品行的高洁。

译文

寒冷的雨落在镇江，夜色中与江水相连，

黎明送走朋友以后，只剩下一座座孤山。

远在洛阳的亲友们，如果他们问起了我，

就告诉他们我的心，纯洁如玉壶中冰雪。

诗的解读

从诗的题目里，我们就能知道它和李白的《黄鹤楼送孟浩然之广陵》性质一样。既能看出来故事发生的地方，也能看出来发生了什么事情。就是在一个地方送别了一个朋友。这首诗就是诗人王昌龄在芙蓉楼这个地方送别了一个叫辛渐的朋友。

中国有两座著名的“芙蓉楼”，一座在湖南的洪江，另一座在江苏的镇江。这首诗里的“芙蓉楼”在江苏的镇江。诗人送别朋友辛渐的那天，天上下着大雨。不知道你发现没有，下雨的晚上比晴天的晚上要冷很多。于是，诗人说，那晚的雨很寒冷，雨水和混合着雨水的江水，一起在深夜来到了“吴”。

这一句里的“吴”本来说的是古代的“吴国”，不过在诗里指的是镇江这个地方。第二句里“平明”是什么意思呢？是天刚亮的意思。天刚亮，就是黎明时分。黎明时分，诗人送走了朋友。

我们在前面讲李白的《望天门山》时，诗里把长江称为“楚江”的原因还记得吗？在这首王昌龄的诗中，“平明送客楚山孤”中的“楚山”和“楚江”的用法相似，

只是一个是山，一个是江，都是因为当地原本是楚国的范围。只是，楚山不是指代一座单独的山，长江中下游的山，都可称为“楚山”。

这首诗的第三句，意思很简单。辛渐离开镇江之后，要去哪里？没错，他要去洛阳。诗人说，到了洛阳，如果亲友们向你问起了我，你就告诉他们，我的心像落进玉壶里的冰雪一样纯洁。最后一句诗还创造了“一片冰心”这个成语，比喻心地纯洁。

他为什么突然要告诉别人自己的心很纯洁呢？因为，写这首诗的时候，王昌龄刚刚被贬官不久，心情不太好。他怕洛阳的亲友们担心，因此说，假如别人向辛渐问到了自己的近况，就让辛渐告诉对方，自己并没有一蹶不振，自己的心还是和从前一样纯洁。

几年之后，朝廷大赦天下，死刑犯改为流放，流放的人完全赦免。途经白帝城（今重庆市奉节县）时，李白得知自己重获自由。于是，他写下那首闻名于世的《早发白帝城》。此时，他已经五十多岁。顺着长江，李白一路乘船行游，又去了许多地方。他的一生从旅行中开始，也在旅行中结束。

zǎo fā bái dì chéng

早发白帝城

táng lǐ bái

［唐］李白

zhāo cí bái dì cǎi yún jiān
朝辞白帝彩云间，
qiān lǐ jiāng líng yí rì huán
千里江陵一日还。
liǎng àn yuán shēng tí bú zhù
两岸猿声啼不住，
qīng zhōu yǐ guò wàn chóng shān
轻舟已过万重山。

注释

发：出发。白帝城：位于重庆奉节。
朝：清晨，早晨。辞：离开，告别。
江陵：今湖北荆州。还：返回。
猿声：猿猴的叫声。啼：啼叫。住：停止，停歇。

译文

清晨离开了白帝城，一个云雾缭绕之城，
一天时间就能回到，千里之外的江陵城。
两岸猿猴的啼叫声，连绵不绝响成一片，
轻快的船不知不觉，驶过连绵不绝的山。

诗的解读

写这首诗时，李白已经很老了。他已经走到了人生的暮年。可是，李白无论什么时候，总是那么意气风发。这一点，我们都应该向李白学习，不管什么时候，无论有多少委屈，都不能自暴自弃，要一直期待光明。题目里的“朝”是早上的意思，“发”就是出发、启程的意思。这一天早上，他从白帝城出发了。

出发是为了去哪里呢？去江陵，也就是现在的湖北荆州。那么，出发地白帝城又在哪里？它在重庆市奉节县的白帝山上。这座小小的山上古城，最早建于西汉末年，最初的用途是为了屯兵积粮。李白被流放的途中，到了白帝城。皇帝大赦天下时，李白就在白帝城被赦免了。重获自由的他立刻启程。

白帝城在长江边，要去江陵，必须坐船。大清早，李白就乘一艘小船离开了白帝城。白帝城是一座小小的山城，常年被云雾缭绕。大清早，阳光照射下来，透过云雾，散发出各种颜色的光芒。因此，李白才说“白帝彩云间”。这座小小城池好像矗立在彩色云朵之中。

虽然江陵距离白帝城很远，但是顺流而下，用一天的时间就能抵达。被赦免的李白心情很好。坐在船里，他愉悦地欣赏着长江两边的景色。这时，他听到两岸的猿猴在啼叫，不停地叫，叫声响彻山间。小船开得很快，听着猿猴的叫声，看着长江的风景，不知不觉已经驶过连绵不绝的山峦。

李白来到金陵（今江苏省南京市）之后，一病不起。无奈之下，他就近投靠了自己的远亲，在安徽当涂做县令的李阳冰。在这里，李白跌宕起伏的一生画上了句号。他把自己的诗文手稿交给李阳冰，之后不久就与世长辞。如今，李白墓就在当涂的太白镇。以李白墓为核心，建有一片典雅的江南园林。

入口的牌坊上写着四个字：

“诗仙圣境”。

这就是“诗仙”李白的一生。

诗词游乐场

必背篇

江南

汉乐府

江南可采莲，
莲叶何田田。
鱼戏莲叶间。
鱼戏莲叶东，
鱼戏莲叶西，
鱼戏莲叶南，
鱼戏莲叶北。

注释

乐府：汉武帝时期设立的一个官署，负责采集民间歌谣或为文人的诗配乐。这个机构搜集整理的诗歌，后世称为“乐府诗”，或简称“乐府”。

可：适合，正值。

何：多么，表示程度深。田田：形容荷叶圆润、饱满的样子。

戏：嬉戏，游戏。

译文

正值江南采莲时节，莲叶多么圆润饱满。
鱼儿在莲叶间嬉戏。
一会儿在莲叶东边，一会儿在莲叶西边，
一会儿在莲叶南边，一会儿在莲叶北边。

诗的解读

在理解这首诗之前，我们首先要弄清什么是“汉乐府”。汉乐府是一种诗歌的体裁。

乐府本来是一个机构。它最早创建于秦代，是一个专门用来管理、教习乐舞演唱工作的机构，不过那时候还不成熟。公元前112年，西汉的汉武帝时期，乐府得到大规模扩建，职责发展为采集民间歌谣或为文人的诗来配乐，用来在朝廷的祭祀或宴会上演奏。汉乐府就是汉代的乐府机构采制的诗歌。

慢慢地，它成了一种新的诗歌体裁。这首《江南》就是最有名的汉乐府之一。诗的意思并不难懂，不过第二句里的“何田田”，我们讨论一下。

这个“何”字是一个表示程度深的词语。“田田”是说荷叶圆润、饱满、茂盛。当我们用“田田”这个词语描述荷叶长得很好的时候，“何”字在前面，就是为了加深“田田”这个词语的程度。那么，连在一起，“何田田”就可以译成多么圆润、饱满、茂盛。这么一说，你是不是觉得这三个字也不再难理解了呢？

长歌行

cháng gē xíng

hàn yuè fǔ
汉乐府

qīng qīng yuán zhōng kuí，zhāo lù dài rì xī。
青青园中葵，朝露待日晞。

yáng chūn bù dé zé，wàn wù shēng guāng huī。
阳春布德泽，万物生光辉。

cháng kǒng qiū jié zhì，kūn huáng huá yè shuāi。
常恐秋节至，焜黄华叶衰。

bǎi chuān dōng dào hǎi，hé shí fù xī guī？
百川东到海，何时复西归？

shào zhuàng bù nǔ lì，lǎo dà tú shāng bēi！
少壮不努力，老大徒伤悲！

注释

长歌行：汉乐府曲调名称，与“短歌行”相对，二者以曲调的长短来区分。

青青：植物青翠茂盛的样子。葵：一种蔬菜，为一年生草本植物，夏天开花，秋天枯萎。

晞：干，晒干。

阳春：温暖的春天。步：布施，散布。

德泽：恩惠。这里指阳光雨露的滋润。

秋节：秋天。

焜黄：花叶枯黄的样子。华：同“花”。

百川：江河的统称。

徒：徒然，白白地。

译文

园中的葵菜长得青翠茂盛，露珠等太阳出来会被晒干。

温暖的春天遍洒阳光雨露，世间万物都呈现一片繁荣。

常常担心等秋天到来以后，树叶变黄时花草也会衰败。

河流会一直向东流进大海，何时见过它返回向西流呢？

年少的时候不好好地努力，年老的时候就只能空伤悲！

诗的解读

这首诗一共十句，每两句看成一个部分，连起来就是一个故事。

第一、二句是第一部分。想象着自己在一个春天的清晨，推开家门，看到园子里种满了葵菜。

园子里的葵菜长得非常茂盛，郁郁葱葱的。这就是“青青园中葵”了。葵菜叶子上还有露珠。只是，等太阳出来，露珠就会被晒干消失。这就是“朝露待日晞”。“晞”就是被晒干的意思。

第三、四句是第二部分。走到园子外面，看看外面的世界。这时候，我们会看到春天的世界一片生机勃勃。这都是春天里阳光和充沛雨露的功劳。这就是“阳春布德泽”。因此，春天里万物才能好好生长，我们才能感受到鸟语花香。这就是“万物生光辉”。

第五、六句是第三部分。看到春天的美景，我们会开始思考。因为春天很短暂，如果秋天来了，这些美景肯定都会消失的。所以，我们会担心，等到秋天一来，树叶就会变黄，花草也会衰败。这就是“常恐秋节至，焜黄华叶衰”了。“焜黄”就是花叶枯黄了。“华叶”就是“花叶”的意思。

第七、八句是第四部分。此时，爸爸妈妈也从屋里出来了，站在我们的身后，跟我们说：“我们国家的地势西边高，东边低，许多河流都是从西向东流，最后流进大海。那么，你什么时候见过它们从东向西，流淌回来呢？”这就是“百川东到海，何时复西归”了。你可能会好奇，为什么他们要说这两句话呢？

这时，就到第五部分了。第九、十句就是第五部分。爸爸妈妈刚才说的话是什么意思啊？他们会告诉你：“河流一旦流进了大海，就没有办法再流回来了。这就像春天的风景，等到秋天到来就再也没有了。也像我们自己啊，如果小时候不好好努力，长大以后我们浪费掉的时间就再也没有了，只能一个人默默地伤悲了。”这就是“少壮不努力，老大徒伤悲”的意思。

采薇（节选）

佚名

昔我往矣，杨柳依依。
今我来思，雨雪霏霏。
行道迟迟，载渴载饥。
我心伤悲，莫知我哀！

注释

采薇：选自《诗经·小雅》。原诗一共有六节，本文节选的是第六节。
矣：语气助词。用在句中表示停顿，强调语气。
依依：形容柳丝轻柔、随风摇曳的样子。
思：语气助词。
雨雪：指下雪。霏霏：雪下得很大的样子。
行道迟迟：形容行走在道路上迟缓的样子。

译文

从前我参军上战场，杨柳依依满是春光。
如今身在回家路上，大雪纷纷漫天飞扬。
道路泥泞走得很慢，又渴又饿一路艰难。
我的心中满是悲伤，谁会知道我的哀惶！

诗的解读

读这首诗之前，我们先聊一聊《诗经》。《诗经》是中国最早的诗歌总集。直到《诗经》的出现，才开始有“诗”的说法。那么，这些诗从哪里来？作者又是谁？

在周代，朝廷会派官员去民间收集歌谣。然后，再编上曲子，演奏给君主听。这些没有作者姓名的民歌，占据了《诗经》内容的主要部分。另外，也有少量周代贵族文人创作的作品。至今，原本有3000多首的《诗经》流传下来了305篇，分为《风》《雅》《颂》三个部分。

这里要讲的这首《采薇》就是我们学习《诗经》的开始。

《采薇》共六节，我们节选的是第六节。这首诗说的是古代将士对家乡的思念以及无法归家的悲伤。诗的前五节说的都是军营生活。到第六节，他才回家。主人公年纪轻轻就离开家参了军，战争一直不曾停止，直到老了他才有机会回去。

当年离家的时候，春光明媚，路边杨柳依依。如今回家，大雪纷纷。不同的场景，让我们能感受到主人公离开家和回到家时不同的心情。一路上又渴又饿。这么多年过去了，他心里的悲伤又有谁会知道呢？还好，不远处就是家。

sù jiàn dé jiāng
宿建德江

táng mèng hào rán
［唐］孟浩然

yí zhōu bó yān zhǔ
移舟泊烟渚，
rì mù kè chóu xīn
日暮客愁新。
yě kuàng tiān dī shù
野旷天低树，
jiāng qīng yuè jìn rén
江清月近人。

注释

建德江：指新安江流经浙江建德的一段。

烟渚：水雾笼罩的江中小洲。渚：水中间的小块陆地。

客：出门在外的游子。这里指诗人自己。

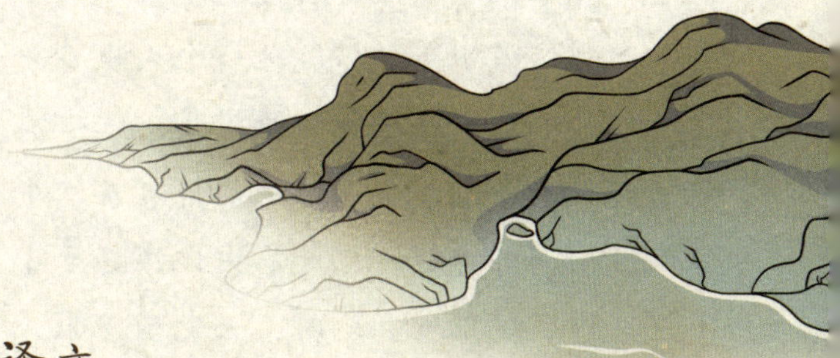

译文

我将小船，停靠在雾气笼罩的江中小洲边，
正值黄昏，出门在外的游子心中又添新愁。
旷野茫茫，远处的天空看上去比树还要低，
江水清澈，月亮倒映在水中好像离我很近。

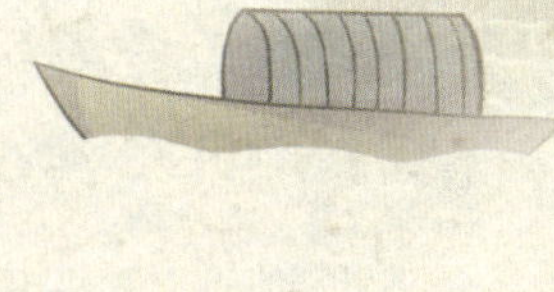

诗的解读

建德江，显然是流经建德这个地方的一段江水。建德是浙江省的一个县级市。“浙江”本来也是江水的名字，用来称呼现在钱塘江的上游部分，后来变成省的名称。钱塘江流过建德市的那一段，叫建德江。

建德是一个山清水秀的小城市。这首诗写的是停靠在建德江时，诗人的所见、所想、所感。写这首诗时，孟浩然已经40多岁了。他想再次参加科举考试，看看自己还能不能凭借才华，考中进士，得到一个官位。结果呢，孟浩然失败了。

失败之后，孟浩然心情不好，因此，一个人四处漫游、旅行。这时，他来到了浙江，在建德小住，写下了这首唯美的诗。他一个人坐着一艘小船，在建德江里游荡。江中有一个小洲，孟浩然把船停靠在江中小洲的旁边。洲是水中比岛还要小许多的陆地。这时，天色暗下来，已经是黄昏了。

黄昏，他一个人在异乡，心中难免有些忧愁。也许是因为有点儿思念鹿门山，也许因为考试失败有点儿难过，也许两种心情都有。总之，他有点儿失落。诗中的“客愁新”，是说他又增添了新的忧愁。新的忧愁或许是黄昏时一个人的孤独和寂寞吧。客，当然就是他自己。在建德，他这个外地人自然就是客人了。

后两句诗，写他看到的风景。虽然风景很美，但是诗人心情不好。荒野空旷，什么都没有。远处的天看着比树还要低。江水清澈，月亮照在江中，呈现出清晰的倒影。这时，诗人只能安慰自己，虽然月亮距离很远，但是倒影离自己很近。这样一想，就觉得月亮离自己没那么远了。是啊，此时此刻，陪伴诗人的只有月亮在水中的倒影了。

guò gù rén zhuāng
过故人庄

táng mèng hào rán
[唐]孟浩然

gù rén jù jī shǔ yāo wǒ zhì tián jiā
故人具鸡黍，邀我至田家。
lǜ shù cūn biān hé qīng shān guō wài xié
绿树村边合，青山郭外斜。
kāi xuān miàn cháng pǔ bǎ jiǔ huà sāng má
开轩面场圃，把酒话桑麻。
dài dào chóng yáng rì huán lái jiù jú huā
待到重阳日，还来就菊花。

注释

过：访问，拜访。

具：准备，置办。鸡黍：鸡和黄米饭，这里指农家殷勤待客的丰盛饭食。

合：环绕。

郭：村庄的外墙。古代城墙有内外两重，内为城，外为郭。斜：倾斜。

轩：窗户。场：打谷场，稻场。

圃：种植蔬菜、花草、瓜果的园子。

把酒：端着酒杯，饮酒。把，拿起、端起。

话桑麻：指闲谈农事。桑麻，桑树和麻，这里泛指农作物。

就菊花：指赏菊。就，靠近，去做某事。

译文

老友准备了丰盛的饭菜，邀请我到他的家里做客。
一棵棵绿树环绕着村庄，一座座青山在村外斜卧。
打开窗户面对稻场菜园，一边喝着酒一边聊农事。
我会等到重阳节的时候，再回来和老友一起赏菊。

诗的解读

这首《过故人庄》写诗人去乡下的朋友家做客的故事。第一句“故人具鸡黍”看着很难理解。“故人”，是老朋友的意思。“具”字，除了我们常说的文具、工具外，还有“准备”的意思。那么，老朋友准备了“鸡黍”，“鸡黍”又是什么意思呢？鸡，当然就是鸡肉啊。黍（shǔ），是黄米饭的意思。

老朋友准备好了鸡肉和米饭之后，诗人说“邀我至田家”，就是邀请诗人去他们田间的家里。诗人去的时候，发现到处都是绿树，把村子绕了一圈。

于是，他说“绿树村边合”。就是说，一棵一棵绿树在村子的边上种着，最后能连到一起，合成一圈。“青山郭外斜”，是说青山在“郭外”斜着。郭，是村庄的外墙。郭外，就是村庄外面。

进了村子，到了朋友家里，诗人就开始跟朋友吃饭了。吃饭的时候，他们坐在窗子旁边，把窗户打开，看着窗户外面晾晒、堆放谷物的稻场和种着瓜果蔬菜的园子，一边喝酒，一边聊着庄稼地里的那些事。“开轩面场圃”里的“轩”就是窗户的意思。

这句诗里的“场圃”可以看成一个词语，也可以理解成两个单独的字。场，就是稻场。圃，就是菜圃、园子。“把酒话桑麻”里“把酒”是端着酒杯的意思。喝酒的时候“话桑麻”。话，是说话、讲话、聊天的意思。那“桑麻”呢？就是桑树和做衣服用的麻。

吃完饭，聊完天，最后就要告别了。可是，诗人心里不舍。因此，他说“待到重阳日，还来就菊花”。等重阳节到的时候，他还要回来和朋友一起欣赏菊花。

cóng jūn xíng
从军行

táng wángchāng líng
［唐］王昌龄

qīng hǎi cháng yún àn xuě shān
青海长云暗雪山，
gū chéng yáo wàng yù mén guān
孤城遥望玉门关。
huáng shā bǎi zhàn chuān jīn jiǎ
黄沙百战穿金甲，
bú pò lóu lán zhōng bù huán
不破楼兰终不还。

注释

从军行：乐府曲名，内容多写边塞情况和战士的生活。

青海：指青海湖，在青海省，是我国最大的内陆咸水湖。长云：连绵不断的云。

玉门关：古关名，故址在甘肃敦煌西北。

穿金甲：指将士身穿的铠甲被磨破。穿，磨破。

破：打败，攻下。楼兰，西域古国名，国都楼兰城（遗址在新疆罗布泊西北岸）。这里泛指唐代西北地区侵扰边境的少数民族政权。

译文

青海湖边白云连绵，在雪山上投下阴影，
将士在边关的驻地，和玉门关遥遥相望。
身经百战的官兵们，铠甲都被黄沙磨破，
不打败侵犯的敌人，他们绝不返回家乡。

诗的解读

这是大诗人王昌龄又一首气势磅礴的边塞诗。前面咱们已经讲过他的另一首边塞诗《出塞》了，大家还记得吗？《出塞》写到的边关，在阴山那里。这首《从军行》里写到的边关，在青海湖那里。中国山清水秀，名山大川有很多。青海湖也是壮美如画。

这首《从军行》和《出塞》一样有名。另外，这两个题目都是乐府机构采集诗歌之后谱成曲子的曲名。王昌龄很喜欢乐府的曲名，常常使用它们作为自己诗歌的题目。我们讲的这首《从军行》里写了好几个地方。除了青海，还有玉门关和楼兰。

玉门关故址在甘肃省敦煌西北。我们在讲王昌龄的《出塞》时，已经提到过它。楼兰是古代西域的一个小国家。他们的都城楼兰古城，在新疆巴音郭楞蒙古自治州的若羌县北边，位于罗布泊的西北角、孔雀河道南岸7公里处。唐代的楼兰人经常在边境侵扰大唐子民，因此，朝廷会派兵去边境和楼兰国打仗。

这首诗里的“穿金甲”，不是说军人们穿着金子做的铠甲，而是说漫漫黄沙磨穿了军人们的铠甲。铠甲只会有一些金色的装饰，太阳底下，金光闪闪，不过铠甲不会用金子来制造。我们说它是“金甲”，主要是说他们的铠甲十分坚固。这首《从军行》和前面的《出塞》，表达的思想相似。既赞美唐朝的繁荣强大，也赞美出征将士英勇无畏的精神。

王昌龄在青海湖畔，看着西北的风光，抒发着心里的情感。他看到天上的白云连绵不绝，阳光照射下来，那些白云就在附近的雪山上留下了影子。将士们驻守的地方和玉门关遥遥相望。那些身经百战的军人，身上的铠甲都已经被西北的滚滚黄沙磨破了，可是他们仍然不愿意回家。因为，他们要等到彻底打败楼兰国的那一天。

cǎi lián qǔ
采莲曲

táng wángchāng líng
［唐］王昌龄

hé yè luó qún yí sè cái
荷叶罗裙一色裁，

fú róng xiàng liǎn liǎng biān kāi
芙蓉向脸两边开。

luàn rù chí zhōng kàn bú jiàn
乱入池中看不见，

wén gē shǐ jué yǒu rén lái
闻歌始觉有人来。

注释

罗裙：丝织的裙子。一色裁：用同一种颜色的衣料剪裁的。

芙蓉：荷花。

始觉：才知道。

译文

罗裙与荷叶像用同颜色的料子裁剪的，
采莲少女的脸庞与盛开的荷花相映衬。
采莲少女混入荷花池一下子就不见了，
听到歌声才知道荷花池里有人来采莲。

诗的解读

这首诗创作的背景是，王昌龄被贬了官，要远赴龙标。龙标是唐代的一个县，在如今的湖南怀化一带。王昌龄才华横溢，却屡屡遭人嫉妒、陷害，多次被贬官。据说，在龙标城郊外的一处荷花池，王昌龄遇见了当地女子采莲的情景，写下了这首千古名篇《采莲曲》。

我们在前面讲过汉乐府的《江南》。那首诗说的也是女子采莲的故事。可见，女子采莲是古人夏天的一项常见活动。王昌龄的这首《采莲曲》，写得实在是美。读懂之后，你说不定会和南熊叔叔一样，脑海中呈现出一幅关于夏天的颜色绚丽的美好画面。

第一句说“荷叶罗裙一色裁”，是说荷叶和罗裙就像同一种颜色的料子裁剪而成的。罗裙，当然是采莲少女身上穿的。既然诗人说她的罗裙和荷叶像是“一色裁”，那么说明罗裙也是绿色的。绿色的罗裙配上绿色的荷叶，不正像是同一种颜色的料子裁剪出来的吗？

除此之外，在诗人眼中，荷花池里还有少女红润的脸庞和粉红色的荷花，看上去也像同样颜色的两种事物。这些荷花盛开在采莲少女的身旁，粉红色的花映衬红润的脸，还有绿色的荷叶映衬绿色的罗裙。少女采莲的时候，一不留神就感觉融入了荷花池的美景中，像是消失不见了一样。

为什么这么说呢？因为诗人说，“乱入池中看不见”。乱入池中的是什么？肯定是采莲的少女呀。那么，如果有不知情的人过来，怎样才能发现有人在荷花池里采莲呢？方法就是凭借采莲少女的歌声去发现。哪怕看不见她的人影，也能听到她的歌声，自然就知道有人来荷花池里采莲了。

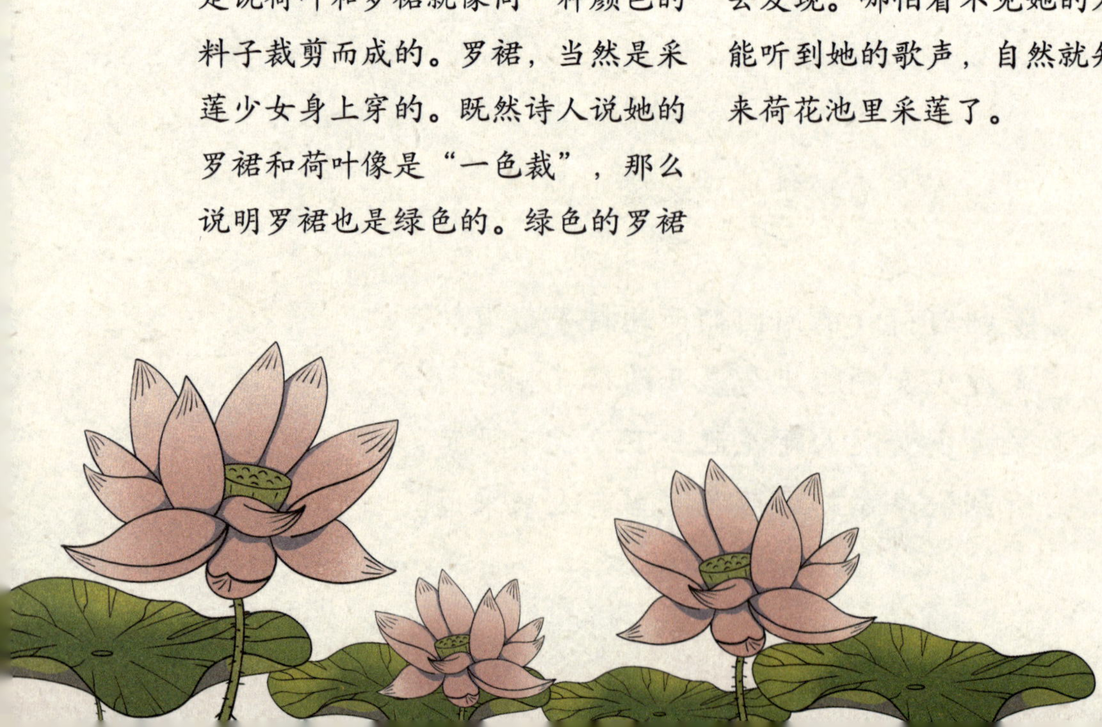

yè sù shān sì

夜宿山寺

táng lǐ bái

[唐]李白

wēi lóu gāo bǎi chǐ

危楼高百尺，

shǒu kě zhāi xīng chén

手可摘星辰。

bù gǎn gāo shēng yǔ

不敢高声语，

kǒng jīng tiān shàng rén

恐惊天上人。

注释

宿：住。

危：高。百尺：虚指，形容楼很高。

恐：担心，恐怕。

译文

高楼有百尺之高，

站上去仿佛能伸手摘下星星。

我不敢大声说话，

怕惊扰到天上的神仙。

诗的解读

南熊叔叔去过中国最北边的漠河市。那里的空气很好，天空的颜色很干净。晚上，满天繁星，站在高楼顶上看着星空，就会觉得自己和天空的距离很近。什么都能看得清清楚楚，月亮和星星非常明亮。当年，李白站在山上寺庙的高楼上，大概也是这样的感觉吧。

李白这首诗，一如既往地充满想象力。他的诗总有那么多奇思妙想。这首诗写的是他在山上寺庙的高楼上的联想。有的寺庙本来就在山上，位置就比山脚下的房子要高许多。

在这座山上的寺庙里，还有一座高楼。第一句话里“危楼”这个词语，大家要注意了。跟我们平时说的“危房”不是一个意思。我们平时说的危房，是有可能会倒塌的危险的房子。不过，这里的危楼是高楼的意思。

汉字博大精深，“危”这个字就有好几个意思。除了我们平常知道的“危险”的意思，还有“高耸”和“端正”两个常用意思。这首诗里的“危”就是高耸的意思。有一个成语叫“正襟危坐”，这里的“危”就是端正的意思。知道这个“危”字的意思之后，这首诗就容易理解了。

李白站在一座楼上，这座楼很高，诗中说“高百尺”。这是多高呢？一百尺大概是30多米。我们在李白的《望庐山瀑布》中说过，古诗词里的数字是一种程度上的形容，这次又遇到了。

站在这座高楼上，李白看着满天繁星，觉得好像一伸手就能摘下天上的星星。我们都知道星空很遥远，不过晴天的夜晚，伸出自己的手，眯着一只眼睛顺着胳膊看向指尖，就会感觉星星就在手边。李白说，他都不敢大声说话了，害怕打扰到天上的神仙。这首诗真像一个小小的童话故事啊！

dú zuò jìng tíng shān

独坐敬亭山

táng lǐ bái

［唐］李白

zhòng niǎo gāo fēi jìn

众鸟高飞尽，

gū yún dú qù xián

孤云独去闲。

xiāng kàn liǎng bú yàn

相看两不厌，

zhǐ yǒu jìng tíng shān

只有敬亭山。

注释

敬亭山：位于安徽宣城北郊，属黄山支脉。

众：众多。

孤云：单独的云。独去：独自飘去。闲：悠闲。

译文

鸟儿们高高地飞走了不见踪影，

天上的白云也独自悠闲地飘去。

我和敬亭山互相看着却看不够，

因为只有敬亭山能懂得我的心。

诗的解读

创作这首诗的时候，李白已离开长安，浪迹江湖，四处游历。我们之前说到了在旅行的过程中，他认识了另一位大诗人杜甫，你还记得吗？这时候的李白十分孤独。

因此，我们读这首《独坐敬亭山》的时候，会发现李白用了一个叫作“拟人”的写作手法。拟人就是把事物当作人来写，将本来没有动作和感情的事物变成和人一样具有动作和感情的样子。他把敬亭山当成了自己的朋友。

敬亭山位于安徽省宣城市北边的郊区，属于黄山的分支山脉，东西长达五千多米，有大小山峰60座，主峰叫“翠云峰”。前面我们已经讨论过好几首李白的诗，他去过庐山，去过天门山，这次又来到了敬亭山。

这首诗里的第三句“相看两不厌”，值得我们探讨一下。你可能会问，“厌”不是讨厌、厌烦的意思吗？其实，在这里它是“满足”的意思。不过呢，如果用讨厌、厌烦的意思来理解，也是可以的。互相看着，觉得“不厌”，就是不讨厌、不厌烦。这句话的意思，当然就是互相看着，怎么看都看不够、不满足。

不过，如果我们要和别人讲起这首诗，我们要告诉他，虽然意思差不多，但是“不厌”理解为“不满足”才更准确。一个人身处敬亭山，寂寞的李白有很多心事。当时，李白看到的风景是什么样的呢？他在诗里告诉了我们。

鸟儿一群群飞走，最后消失不见。天上的云朵也孤独地飘去。只有敬亭山一直陪着李白。他和敬亭山互相看着彼此，总觉得看不够。这时，李白把敬亭山当成了朋友。他想，或许只有敬亭山才最懂自己的想法和情绪了。你有没有和南熊叔叔一样，很想陪一陪那一刻的李白呢？